BIOGRAFIA DO ABISMO

Felipe Nunes
Thomas Traumann

BIOGRAFIA DO ABISMO

Como a polarização divide famílias, desafia empresas e compromete o futuro do Brasil

Rio de Janeiro, 2023

Publisher: Samuel Coto
Editora-executiva: Alice Mello
Coordenadora editorial: Diana Szylit
Assistência editorial: Camila Gonçalves e Lui Navarro
Estagiária editorial: Lívia Senatori
Copidesque: Leonardo do Carmo
Revisão: Laila Guilherme e Daniela Georgeto
Projeto gráfico de capa: Cristina Gu
Projeto gráfico de miolo e diagramação: Julio Moreira | Equatorium Design
Foto dos autores: Daniela Toviansky

Dados Internacionais de Catalogação na Publicação (CIP)
(Câmara Brasileira do Livro, SP, Brasil)

Nunes, Felipe

Biografia do abismo : como a polarização divide famílias, desafia empresas e compromete o futuro do Brasil / Felipe Nunes, Thomas Traumann. – Rio de Janeiro : HarperCollins Brasil, 2023.

Bibliografia.
ISBN 978-65-6005-100-3

1. Brasil - Política e governo 2. Democracia 3. Polarização (Aspectos sociais) - Brasil I. Traumann, Thomas. II. Título.

23-176859 CDD-320.981

Índices para catálogo sistemático:
1. Brasil : Política e governo 320.981
Tábata Alves da Silva - Bibliotecária - CRB-8/9253

Rua da Quitanda, 86, sala 601A — Centro
Rio de Janeiro, RJ — CEP 20091-005
Tel.: (21) 3175-1030
www.harpercollins.com.br

"É fácil ser o outro quando o outro está muito próximo de nós. Isso não é alteridade — é narcisismo. Difícil é escutar o inimigo. Difícil mesmo é vestir-lhe a pele, sentir o seu coração batendo no nosso peito, chorar as lágrimas dele."

José Eduardo Agualusa, na crônica "No coração do inimigo"

SUMÁRIO

AGRADECIMENTOS

PUBLICAR UM LIVRO é contrair dívidas impagáveis. A nossa lista de credores se inicia com a generosidade de Rodolfo Riechert, Manuel Maria Fernandez e Rodrigo Hiltz, da Genial Investimentos, que financiaram o projeto de pesquisas que a Quaest realizou entre 2021 e 2022, concedendo total liberdade para a execução do trabalho. Os microdados das pesquisas Genial/Quaest são os eixos das descobertas deste livro.

Nossos primeiros leitores, os economistas Edmar Bacha e Paulo Hartung e os cientistas políticos Jairo Nicolau e Frederico Batista, foram críticos sinceros e duros. Suas avaliações nos incentivaram a esclarecer argumentos, refinar teses e melhorar a apresentação dos dados. As arguições do jornalista Ricardo Balthazar nos fizeram remodelar a ordem dos capítulos e revisar algumas afirmações. Também agradecemos à equipe de pesquisadores da Quaest que foi fundamental em todo o processamento dos dados. Em especial, aos amigos Jonatas Varella, Guilherme Russo e Fernando Meirelles.

Por fim, mas não menos importante, agradecemos às nossas famílias. Renata e Fernanda foram parceiras fundamentais. Suas leituras foram as mais críticas, suas sabatinas, as mais pesadas, e suas cumplicidades, as mais profundas. Cada um de nós tem três filhos. É possível que eles tenham de enfrentar a herança desse país calcificado. Esperamos que nossas ausências para escrever e reescrever os textos sejam compensadas com a reflexão que deixamos nestas páginas. Não teríamos chegado aqui sem vocês.

Os erros, claro, são exclusivos dos autores.

INTRODUÇÃO

Bem-vindo a Lulanaro

"ERA UMA VEZ um reino situado num longínquo rincão a meio caminho entre o Ocidente e o Oriente, denominado Belíndia. Segundo revelações dos antigos, esse nome, estranha unidade dialética de contrários, tinha a ver com a natureza da colonização original do reino." Assim começa "O Rei da Belíndia: uma fábula para tecnocratas",[1] a sátira escrita pelo economista Edmar Bacha em 1974 para descrever um país fictício com leis e impostos de uma nação pequena e rica, como a Bélgica, mas com a realidade social de um território gigante e pobre, como a Índia.

O texto é uma sofisticada crítica ao milagre econômico do regime militar e aos subterfúgios estatísticos que permitiam anunciar o crescimento do Produto Interno Bruto (PIB) de mais de 10% ao ano em um Brasil que concentrava riqueza. Por décadas, a alegoria da Belíndia serviu para definir a dicotomia de um país profundamente injusto. Quase cinquenta anos depois, o Brasil é menos desigual, a estatística oficial é mais confiável e a Índia não é mais um país pobre, mas nos encontramos de novo em um país dividido ao meio.[2] Agora, apesar das históricas desigualdades regionais e sociais, não é só a economia que cria dois Brasis: é também a política. Em 2023, vivemos em Lulanaro, o país repartido entre lulistas e bolsonaristas.[3]

---

1 Bacha (2012).

2 Aith (2009).

3 Ao longo deste livro, os adjetivos "lulista" e "bolsonarista" são empregados como sinônimos de eleitores dos dois candidatos de maior expressividade em 2022, e

A divisão política é recorrente na história brasileira. Getulistas e antigetulistas discordavam em quase tudo nos anos 1940 e 1950. "O senhor Getúlio não deve ser candidato. Se for candidato, não deve ser eleito. Se for eleito, não deve tomar posse. E se tomar posse, não pode governar", discursou o líder udenista Carlos Lacerda em 1950, quando Getúlio Vargas tentava voltar ao poder pelo voto popular. Meses depois do discurso, Getúlio foi eleito com 46,7% dos votos válidos e retornou ao Palácio do Catete, de onde só sairia morto, em 1954.[4]

No ocaso das liberdades civis, o regime militar impôs a intransigência como política de Estado quando lançou, no auge da repressão do governo Médici, a campanha "Brasil, ame-o ou deixe-o". Milhares foram exilados, presos e mortos por suas posições políticas. A redemocratização a partir de 1985, o mais longevo período de liberdade do Brasil, é uma exceção numa longa história de intolerância, eleições fraudadas, repressão política e censura à imprensa.

Na eleição de 2022, a mais disputada da história, o Brasil viveu a consolidação de um processo de polarização extrema. Desde a volta da democracia, a política se estruturou através do antagonismo entre dois candidatos. Diferentes em suas visões de Estado, similares no respeito às instituições, PT e PSDB protagonizaram, entre 1994 e 2014, um embate que ficou conhecido pela expressão petista do "nós contra eles".

Depois do primeiro governo Lula, as campanhas eleitorais do PT usaram os avanços sociais da gestão como linha divisória.

---

não como afiliados a um movimento político solidificado. As distinções no grau de engajamento desses eleitores são discutidas no Capítulo 3.

4 Lira Neto (2014).

Fatos como o aumento no consumo popular e o êxito das cotas raciais nas universidades foram tratados como provas de que o partido tinha monopólio no compromisso com os mais pobres. Com o tempo, o PSDB abandonou os ganhos do Plano Real e transformou o antipetismo no valor que o diferenciava na disputa, dando ao partido um eleitorado à direita que, depois, o trocou por Bolsonaro.

Não era uma disputa bonita. PT e PSDB trocavam críticas e acusações duras. Mas, por pior que fosse, a retórica do "nós contra eles" não pregava a eliminação do adversário, isto é, ainda admitia a existência do outro.

O PT foi capaz de cultivar partidarismo entre seus eleitores mesmo em um ambiente hostil, como os escândalos do Mensalão e da Lava Jato e a recessão de 2014-2016. Essa partidarização positiva e negativa em relação ao PT superou até as óbvias diferenças de popularidade entre seus candidatos. Mesmo quando Luiz Inácio Lula da Silva não pôde se candidatar e foi substituído por nomes menos carismáticos, como Dilma Rousseff e Fernando Haddad, houve uma estabilidade consistente na votação do PT em vários estados brasileiros. Uma vez que o PT se estabelece como uma força política que solidifica sua base eleitoral na população, os eleitores que se opõem a essa força semeiam sentimentos de rejeição ao partido, o que leva à formação de uma identidade que se define por tal rejeição: o antipetismo.

A criminalização da política decorrente da Operação Lava Jato acentuou a divisão entre petistas e antipetistas, com o segundo núcleo catalisando vários movimentos diversos que discordavam entre si, mas concordavam em se opor ao PT. Junto a ela, a recessão econômica que ocorreu entre 2015 e 2018 produziu uma significativa crise de legitimidade do sistema político brasileiro. Os jornais e suas manchetes contribuíram para a consolidação de uma crise generalizada que tornou o sistema partidário em algo fluido. Com o clima antipolítica criado, abriu-se espaço para que um candidato antipolítica tomasse o lugar do antipetista tradicional, o PSDB. É nesse contexto que o centro político explode, fragmenta-se, e Bolsonaro aparece como a alternativa mais viável eleitoralmente para aplacar a raiva contra a política.

A história recente, contudo, não preparou o Brasil para o fenômeno Bolsonaro. A eleição de 2018 é o ponto de inflexão na transformação da polarização partidária em um fenômeno novo, mais extremado, no qual o radicalismo político começou a transbordar para o cotidiano. A posição política passou a ser parte da identidade de cada um e o seu diferencial em relação ao outro.

Polarização e calcificação

Esse processo pode ser explicado na superfície por números simples: Lula foi eleito com 60,3 milhões de votos, a maior votação da história, mas Bolsonaro teve 58,2 milhões, a maior votação de um segundo colocado. A diferença entre os dois foi menor que o número de eleitores do Distrito Federal, o que contribuiu para inflamar as teorias conspiratórias que desembocaram nos atos golpistas de 8 de janeiro de 2023.

Compreender a extensão da beligerância entre os brasileiros e qual conteúdo tem força para flexibilizar tais posturas é o principal desafio do terceiro governo Lula, mas não apenas dele. O Congresso sofre mais pressão, o STF é visto com maior desconfiança, a cobertura da mídia é diariamente contestada por parte do público e as corporações têm dificuldade de posicionar suas marcas. O Brasil de opiniões radicalizadas é um dilema para todos os brasileiros.

Essa polarização extrema é um fenômeno umbilicalmente ligado à volta do populismo mundial, o conceito que entende o antagonismo político como o confronto entre o bem (o povo) e o mal (as elites) e coloca o centro do debate no âmbito moral, em detrimento de plataformas e propostas políticas. Pode ser encontrada no debate sobre o nacionalismo hindu na Índia, no combate ao tráfico de drogas nas Filipinas, nas políticas antimigratórias na Europa ocidental, nas candidaturas antissistema no Chile e na Argentina e no nativismo do "Torne a América grande de novo" de Donald Trump.

Como as opiniões políticas passaram a ditar com quem convivemos? Por que a tolerância com a opinião divergente ficou tão curta? Por que as eleições parecem não terminar mais depois da proclamação dos resultados?

São perguntas do nosso tempo. No livro *The Bitter End*, os cientistas políticos norte-americanos John Sides, Chris Tausanovitch e Lynn Vavreck fazem uma brilhante autopsia da eleição norte-americana de 2020 — em que o democrata Joe Biden venceu o republicano Donald Trump — para propor a substituição do conceito de polarização partidária pelo de calcificação. Segundo eles, as opiniões políticas passaram por um processo de engessamento e se transformaram em parte da identidade de cada eleitor.

Mais adiante retomaremos alguns aspectos da calcificação no contexto norte-americano, mas desde já fica nítido quão difícil é ler sobre os Estados Unidos pós-Trump sem fazer comparações com o Brasil de Lulanaro. Assim como nos EUA, a eleição presidencial brasileira calcificou o mecanismo de escolha, em que os interesses perderam força para as paixões. Mais do que uma escolha racional entre dois projetos diferentes de país, a disputa entre Lula e Bolsonaro foi entre duas visões de mundo, dois países diferentes entre si.

Foi durante a presidência de Bolsonaro que a separação identitária ajudou a sedimentar a afinidade dos grupos que aprovavam e reprovavam o governo. Essa consolidação da identidade foi impulsionada tanto pela antipatia resoluta dos petistas quanto pelo apoio contínuo dos antipetistas. Isso significa que, não importava o que Bolsonaro fizesse ou falasse, ele teria o apoio dos seus e a oposição dos petistas.

Ao contrário de outros governos, durante o mandato de Bolsonaro a distância absoluta entre quem aprovava e quem reprovava o governo esteve, em sua maior parte, próxima de zero ou negativa. Como mostra o gráfico a seguir, as exceções são os três primeiros meses do primeiro ano de mandato — período de lua de mel de início de governo em que o saldo de aprovação era positivo — e os três últimos meses do segundo ano de mandato — quando o Auxílio Emergencial de 600 reais atingiu mais de 60 milhões de beneficiários.

O pior momento do governo Bolsonaro foi o final do seu terceiro ano de governo (2021), em função da repercussão acumulada dos desdobramentos negativos da pandemia e dos posicionamentos polêmicos do então presidente sobre ela. Apesar disso, a volatilidade da diferença entre a aprovação e a reprovação dos governos Lula, Dilma e Temer é muito maior do que a que observamos no período Bolsonaro.

DIFERENÇA ENTRE AVALIAÇÃO POSITIVA E NEGATIVA DOS GOVERNOS FHC, LULA, DILMA, TEMER E BOLSONARO[5]

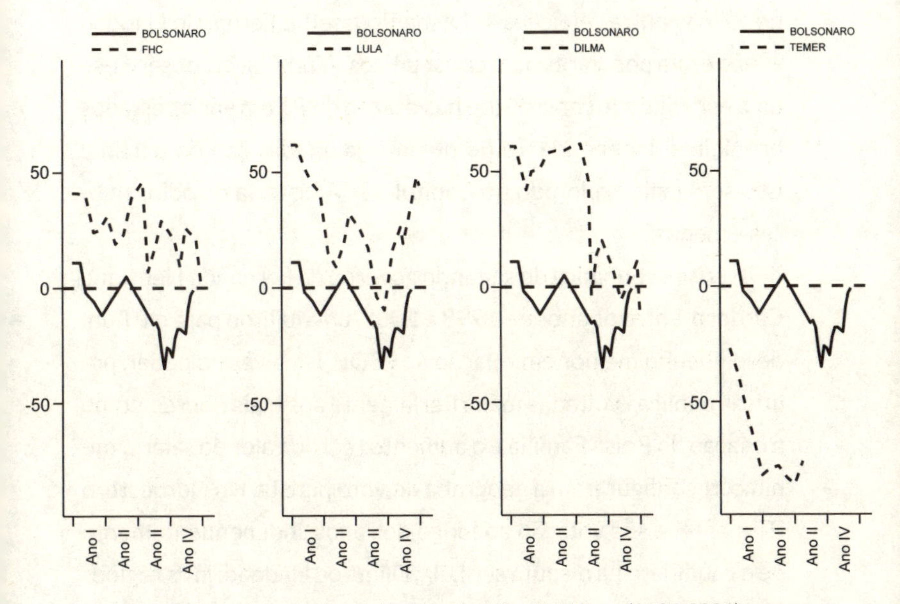

Fonte: Elaboração própria a partir dos relatórios CNI/Ibope (1994-2021) e Genial/Quaest (2021-2022).

Chama atenção a baixa volatilidade na avaliação dos eleitores sobre Bolsonaro, mesmo com os eventos com potencial de gerar impacto para alterar o humor do eleitorado, como a gestão do governo na pandemia de covid-19, a volta da inflação e o reajuste de 50% no valor do benefício do Auxílio Brasil.

O embate entre Lula e Bolsonaro consolidou ainda mais os alinhamentos políticos criados nos anos de antagonismo estabelecido entre PT e PSDB. Essa calcificação da opinião pública é visível

---

5 Todos os gráficos e tabelas são de autoria da Quaest, salvo quando indicado o contrário.

na estabilidade das escolhas de 2022 em comparação com as eleições de 2018, 2014 e 2010. Ao contrário de Lula, os candidatos do PT nas outras eleições — Dilma Rousseff e Fernando Haddad — não eram populares nem carismáticos. Ainda assim, observa-se uma estabilidade consistente na votação do PT em vários estados brasileiros, independente de quem seja a indicação do partido; isso será mais explorado no Capítulo 3, "A história de ódio, amores e medos".

A crise econômica do segundo governo de Fernando Henrique Cardoso, entre os anos de 1998 e 2002, possibilitou para o PT um desempenho melhor em relação ao PSDB. Uma vez no poder, políticas públicas voltadas majoritariamente aos mais pobres, como a criação do Bolsa Família e o aumento real do valor do salário mínimo, reconfiguraram a geografia do voto petista. No Nordeste, o PT manteve sua votação ao longo dos anos, independentemente de o candidato na disputa ser Lula, Dilma ou Haddad; já as regiões Sul e Centro-Oeste constantemente votaram contra o PT.

Com esse quadro engessado, o Sudeste passou a ser o campo de batalha decisivo. Quando o candidato petista diminuiu sua votação em São Paulo, Minas Gerais e Rio de Janeiro em relação à eleição anterior, ele perdeu. Nos anos em que o partido superou, no Sudeste, a votação obtida na eleição anterior, o candidato petista ganhou, como no caso de 2022. O que fez a diferença para Lula em 2022 foi que ele obteve, nos três maiores colégios eleitorais, mais votos do que Haddad conseguira no pleito anterior. Essa melhora em São Paulo, Minas Gerais e Rio de Janeiro garantiu a vitória, mesmo que apertada. Isso comprova como mudanças no voto de um grupo proporcionalmente pequeno podem virar o resultado para um lado ou para o outro, apesar de a maior parte do país estar polarizada entre pró e anti-PT. Numa era de enrijecimento das opiniões, o eleitor fora da bolha termina decidindo a eleição.

Essa estabilidade no nível estadual também se observou no âmbito municipal, como demonstra o gráfico a seguir. A variação entre um ciclo eleitoral e o seguinte se mostra constante há algum tempo. Desde 2010, o padrão de votação nos municípios se repete. Em média, a variação nas cidades entre uma eleição e a anterior foi de 3,2 pontos em valor absoluto após 2010, em comparação com 8 pontos em 2006 e 29 pontos em 2002. Porém, apesar de todas as reviravoltas da presidência de Bolsonaro, era possível projetar os resultados por município nas eleições de 2022 simplesmente conhecendo os resultados de 2010, 2014 e 2018.

PERCENTUAL DE VARIAÇÃO DA VOTAÇÃO DO PT ENTRE UMA ELEIÇÃO PRESIDENCIAL E OUTRA NO NÍVEL MUNICIPAL

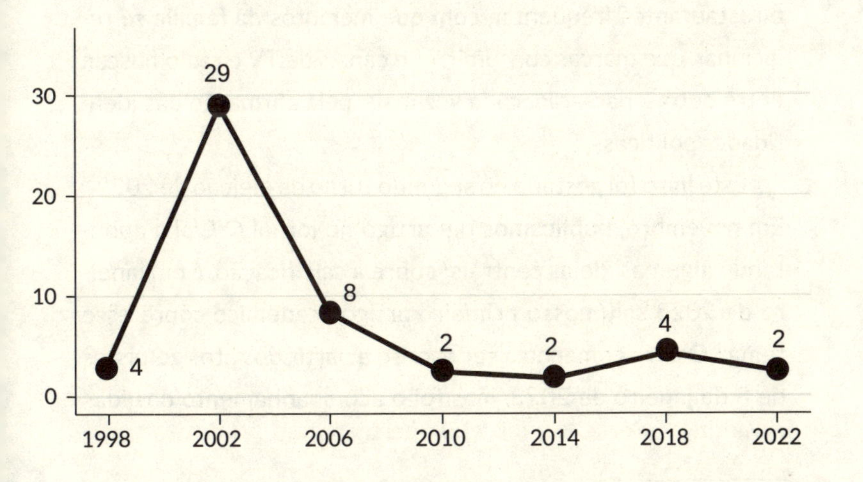

Fonte: Elaboração própria a partir dos microdados do TSE.

Efeitos da calcificação

Mas como essa calcificação das identidades políticas em torno do petismo e do antipetismo afetará a sociedade brasileira? Esse processo de enrijecimento dos lados leva os eleitores a se tornarem torcedores apaixonados que transformam sua preferência naquilo que define sua posição na sociedade. Ao assumir as cores do lulismo ou do bolsonarismo como as de quem torce para o Flamengo ou o Fluminense, o eleitor deixa de se importar com uma comparação racional dos dois políticos para transformar sua escolha em parte da sua identidade. Da mesma forma que a identidade do torcedor não acaba com o fim da partida dentro de campo; vencendo ou perdendo, a identidade do eleitor no país de Lulanaro não se encerra com o fim da eleição.

Ao longo do livro, mostraremos que essas lealdades políticas começaram a transbordar para o comportamento do cotidiano. As escolhas sobre em qual escola matricular o filho, quais bares e restaurantes frequentar, com que membros da família se relacionar, que marcas consumir, que canais de TV e rádio buscar, entre outras, passarão, cada vez mais, pela afirmação das identidades políticas.

Este livro foi gestado no segundo turno da eleição de 2022.[6] Em novembro, publicamos um artigo no jornal *O Globo* apontando algumas ideias centrais[7] sobre a calcificação, e em janeiro de 2023 saiu nosso primeiro artigo acadêmico sobre esse tema.[8] O livro começou a ser escrito a partir dos atos golpistas de 8 de janeiro de 2023, mas foi o acompanhamento das idas

---

6 Traumann (out. 2022).

7 Nunes e Traumann (2022).

8 Nunes e Traumann (2023).

e vindas dos primeiros 10 meses do governo Lula, incluindo a decretação de inelegibilidade de Bolsonaro pelo Tribunal Superior Eleitoral, os escândalos das joias envolvendo o ex-presidente e a manutenção das interpretações polarizadas sobre o que acontece no mundo neste período que nos deram a segurança na nossa tese.

Quatro indicadores combinados mostram bem esse cenário. Em setembro de 2023, a Quaest realizou uma pesquisa nacional usando uma amostra de 2 mil entrevistados. A pesquisa fazia basicamente quatro perguntas: Você aprova ou desaprova o trabalho do governo Lula até aqui? A resposta confirmou o resultado mostrado por outros institutos: 59% aprovam o governo e 41% desaprovam.

Em seguida, a pesquisa investigou se os entrevistados conheciam o caso das joias envolvendo o presidente Bolsonaro. O resultado impressionou: 88% dos entrevistados responderam que tomaram conhecimento do assunto. Perguntou em seguida se Bolsonaro era, na opinião dessas pessoas, considerado culpado ou inocente neste caso. A resposta, mais uma vez, veio com clara posição: 62% dos entrevistados consideravam Bolsonaro culpado.

Mas sabe quanto essa constatação mudou na intenção de voto? Nada! Quando a Quaest perguntou em seguida "Se a eleição fosse hoje e os candidatos fossem Lula e Bolsonaro, como você votaria?", a resposta veio quase como réplica do resultado eleitoral em votos válidos apurado em outubro de 2022: se a eleição fosse em setembro de 2023, 53% disseram que votariam em Lula, e 47%, em Bolsonaro. Dada a margem de erro de 2 pontos percentuais da pesquisa, trata-se de um inequívoco empate técnico.

A calcificação política no Brasil é um processo contínuo que alcançou seu auge nas eleições de 2022, mas que se manteve aceso mesmo depois da posse de Lula. Como será demonstrado no Capítulo 5, "A calcificação transborda para a sociedade", houve um transbordamento da disputa política para o cotidiano, contaminando as relações na família, no trabalho, no ensino e no consumo. Identificar esse fenômeno não significa afirmar que o Brasil de 2023 está às portas de uma guerra civil. Documentamos neste livro o ápice de um processo longo e permanente de polarização que passou de partidária para social, e de social para afetiva. Calcificado, o Brasil tem desafios para identificar e solucionar seus principais problemas sociais e econômicos, já que o diálogo e a cooperação deixaram de ser a norma.

Os dois protagonistas incitaram essa calcificação depois da eleição. Apenas no mês de julho de 2023, Lula chamou Bolsonaro de "titica", "gângster", "genocida", "golpista", "insano" e comparou os quatro anos do antecessor como uma "amostra do fascismo e do nazismo".[9] Às voltas com dezenas de processos eleitorais, civis e criminais, Bolsonaro mantinha, naquele momento, uma atitude pública menos beligerante, mas manteve seu grande capital político, como mostrado, nas pesquisas de intenção de voto. A bancada bolsonarista no Congresso Nacional, por sua vez, mantinha a indústria de *fake news* nas redes sociais, forjando notícias de que o ministro da Justiça, Flávio Dino, havia feito um acordo com traficantes[10] ou que a proposta legislativa de controle legal das plataformas digitais iria censurar a Bíblia.[11]

---

9 Boghossian (2023).
10 Eduardo Bolsonaro faz acusações falsas... (2023).
11 Domingos (2023).

O transbordamento da polarização extrema para o dia a dia se tornou mais do que apenas uma identificação política. No Brasil calcificado, parte do público está disposta a boicotar marcas e produtos quando as empresas se manifestam sobre temas relacionados ao país, sobretudo os referentes a questões sociais e minorias. Celebridades e artistas também se veem às voltas com boicotes e cancelamentos nas redes sociais em função de suas falas e seus posicionamentos sobre o Brasil.

Plano de voo

Este livro é dividido em sete capítulos que, partindo do ciclo eleitoral de 2022, tentam explicar o crescimento da intolerância na sociedade e como a convivência entre diferentes se tornou o maior desafio dos próximos anos.

Ao longo de 2021 e 2022, a Quaest, empresa de pesquisa e consultoria, foi contratada pela Genial Investimentos para a mais longa série de pesquisas presenciais e domiciliares sobre o comportamento eleitoral dos brasileiros. Foram 98.880 entrevistas, sendo 27 rodadas de pesquisas nacionais, sete no estado de São Paulo, sete no estado do Rio de Janeiro, dez em Minas Gerais e três na Bahia. Além disso, a Quaest coordenou 150 grupos de discussão ao longo da campanha. É provavelmente o maior banco de dados sobre as escolhas, as paixões, os ódios, os medos e as esperanças dos brasileiros. O banco de dados da Quaest/Genial é a base deste livro.[12]

---

[12] O projeto de pesquisa Genial/Quaest começou em julho de 2021, mas o instituto vinha fazendo e divulgando resultados de pesquisa ao longo de todo o mandato do presidente Bolsonaro. Embora a metodologia empregada nas pesquisas até o final de 2020 fosse diferente das que foram feitas a partir de 2021, a série utilizada aqui entre 2019 e 2020 é toda comparável.

A opinião pública brasileira passa por uma crescente bolhificação, isto é, um processo no qual os brasileiros estabelecem contato quase exclusivo com pessoas que pensam de maneira similar sobre política, formando as chamadas "bolhas". A bolhificação da política é consequência de um novo ecossistema de comunicação enviesado, como mostra o Capítulo 1, "Um novo ecossistema de comunicação política".

Nesse ecossistema, escancarado na eleição de 2022, o eleitor simplesmente recusa a informação que contraria sua crença e busca o veículo ou o canal que reforça o que ele já pensava. Para evitar a vitória do adversário, vale espalhar mentiras, defender o indefensável e romper com amigos e familiares. Mais especificamente, o Capítulo 1 discute como o ecossistema bolsonarista mostrou-se particularmente eficiente nesses aspectos, uma vez que Bolsonaro manteve sua máquina de comunicação no âmbito digital operando amplamente.

Pesquisas inéditas da Genial/Quaest mostram como esse ecossistema fez com que bolsonaristas passassem a se informar preferencialmente pelas redes sociais e evitar o noticiário de TV, especialmente os canais do Grupo Globo. Com os lulistas ocorreu o inverso: a consolidação da Globo como sua principal fonte de informação política, algo quase inimaginável depois de décadas de conflito entre o político e a empresa de comunicação.

Esse processo seria impossível sem os dois personagens que despertam tantas paixões, os grandes líderes populares brasileiros deste século, Lula e Bolsonaro – temas do Capítulo 2, "Os presidentes" –, que organizaram suas campanhas estimulando a divisão da sociedade. Bolsonaro transformou a pandemia de covid-19 em uma oportunidade para mobilizar, engajar e dar a seus eleitores uma sensação de identidade de grupo. Pesquisas mostram uma associação entre os bolsonaristas e as desconfianças sobre a gravidade da doença, evidenciando a influência do então presidente em decisões do dia a dia de seus eleitores.

Lula tentou a tática oposta, ao trazer como seu candidato a vice-presidente o antigo adversário Geraldo Alckmin (atualmente no PSB). Com isso, ele pretendia isolar Bolsonaro no eleitorado extremista e trazer para si o centro político antigamente representado pelo PSDB. O Capítulo 2 mostra por que essa tática não cumpriu seu papel totalmente.

No Capítulo 3 nos debruçamos sobre a eleição de 2022, trazendo explicações para a derrota de Bolsonaro, mas também para o fato de a disputa ter sido tão acirrada. As mudanças tectônicas nos dois campos políticos, os choques de identidade da última década e as prioridades políticas dos brasileiros ajudam a responder a essas perguntas.

Estava longe de ser óbvio que a ideia de "política calcificada" acabaria por se aplicar à campanha de 2022. Os eventos que antecederam o recente processo eleitoral pareciam ter o poder de criar grandes mudanças políticas. Em 2019, após uma campanha antissistema, Bolsonaro iniciou o mandato sem buscar apoio da maioria da sociedade e usando manifestações de rua para respaldar seus ataques ao Congresso, ao STF e à mídia. Era um presidente diferente de todos que o Brasil já havia visto, uma versão tropical de Donald Trump e seu governo via redes sociais.

Além do estilo não convencional de Bolsonaro, outros eventos pareciam inicialmente capazes de afetar sua estabilidade eleitoral: a pandemia de covid-19, a libertação de Lula, o repique de inflação com a Guerra na Ucrânia, o fracasso de viabilizar um candidato na terceira via e o bilionário pacote social às vésperas da eleição. É lógico que esses fatos afetaram o eleitorado, mas não mudaram o curso de uma campanha predestinada a comparar Bolsonaro a Lula. Os fatos só reforçaram as identidades dos dois lados.

O Capítulo 3 mostra que é exagerado atribuir a derrota de Bolsonaro ao voto dos eleitores do Nordeste ou de beneficiários dos programas sociais. Nesses dois segmentos, o voto manteve o padrão dos pleitos anteriores. Lula venceu porque aumentou seu eleitorado nas grandes cidades, particularmente Salvador, São Paulo, Belo Horizonte e Rio de Janeiro.

A partir das milhares de entrevistas, montamos um quadro perfilando as subdivisões de eleitores de Lula e de Bolsonaro, um modo de explicar a diversidade de cada uma das bolhas. Com base nesse trabalho, publicado aqui pela primeira vez, foi possível dimensionar que 30% dos eleitores de Lula são o que chamamos de "D/E", eleitores dependentes dos serviços do Estado que escolheram Lula pelo histórico das políticas sociais dos governos do PT.

No campo de Bolsonaro, o maior subgrupo, com 29%, é o dos "conservadores cristãos", eleitores que defendem a manutenção das instituições sociais tradicionais ligadas à família, à segurança pública, aos direitos de propriedade e à hierarquia social. Os evangélicos são conservadores em sua maioria, mas há também os católicos com os mesmos ideais. Os conservadores enxergam no PT o avanço de pautas progressistas e uma quebra na autoridade de pais, professores e policiais.

A mineração dos dados permitiu registrar ainda um grupo minoritário mas decisivo para o resultado da eleição: os "liberais sociais". Representado pelo apoio de Simone Tebet e dos economistas liberais a Lula no segundo turno, esse grupo de apenas 3% do eleitorado deu à candidatura do PT a imagem de uma frente ampla a favor da democracia. Depois do fracasso na montagem de um candidato viável na terceira via, os liberais sociais foram decisivos na vitória de Lula justamente por serem críticos públicos dos governos anteriores do PT. É relevante lembrar que, em 2018, parte desse grupo havia votado em Bolsonaro.

No Capítulo 4, "Como o Brasil saiu das urnas?", explicamos que o país saiu da eleição socialmente dividido e afetivamente polarizado. Os valores foram se cristalizando num processo de três etapas, envolvendo visões cada vez mais uniformes dentro de um mesmo grupo, mas distintas *entre* os grupos, e um sentimento de identidade cada vez mais forte.

Pesquisas da Quaest mostram como, ao longo da eleição de 2022, bolsonaristas e lulistas foram solidificando posições em temas tradicionais da economia, como privatizações, mas também de comportamento, como aceitar a convivência com familiares de outro partido ou a simpatia a um genro ou uma nora de posição antagônica. Os *surveys* mostram que a enfática defesa de Bolsonaro em facilitar o porte e a posse de armas virou uma fronteira que abriu espaço para o avanço de Lula em uma pequena faixa de mulheres, antes bolsonaristas.

Por fim, o fato de as bolhas terem tamanhos similares faz com que os eleitores dos dois lados tenham a certeza de serem competitivos para vencer a próxima disputa. Isso significa que não há incentivos para desertarem do grupo onde estão confortáveis e com o qual compartilham opiniões. É um processo de vida em bolha que favorece a ilusão de que "todo mundo" pensa como eles e aprova suas atitudes, sejam a recusa em reconhecer o resultado da eleição, as ofensas públicas a grupos minoritários ou a intolerância a quem pensa diferente.

No Capítulo 5, elencamos exemplos de como a disputa política deixou de ser apenas um ato eleitoral e passou a ser um ato identitário, presente no cotidiano do consumo, do estilo de vida, hábitos e escolhas. Esse transbordo da política para a vida comum afetou as salas de aula, mas também como os brasileiros enxergam as marcas que consomem.

Lulistas e bolsonaristas acreditam em um país tão diferente do que o outro defende que é como se vivessem em sociedades opostas. Pesquisa Genial/Quaest de dezembro de 2021 mostrava que 9% dos brasileiros se sentiriam mal se seu filho ou filha se casasse com alguém cuja família apoia ou vota em um candidato diferente. Um ano depois, a intolerância alcançou 25% da população. No mesmo período, passou de 10% para 30% o número de brasileiros que decidem seu canal de TV para assistir noticiário político convergente com seus ideais, e passou de 1% para 13% aqueles consumidores que não comprariam o produto de uma marca que apoiou o adversário de seu candidato.

O Capítulo 6, "Tem saída?", busca analisar as saídas para essa calcificação. A primeira lição é aceitar que a polarização afetiva é um dado da realidade. Eixos da polarização afetiva retratada neste livro, o lulismo e o bolsonarismo são respostas políticas para problemas reais. Para muitos, Lula é sinônimo da necessidade real do Estado para garantir um mínimo de bem-estar social. Para outros tantos, Bolsonaro é a solução para instituições que consideram falidas, desacreditadas e elitistas.

A calcificação se retroalimenta e se sedimenta fora do período eleitoral, mas as responsabilidades de agentes públicos são distintas das de outros atores. Se o presidente, ministros do STF, governadores, senadores, deputados e jornalistas têm uma responsabilidade política de ao menos tentar atenuar os efeitos da polarização afetiva, o compromisso individual do cidadão é aprender a conviver com as diferenças.

É preciso identificar as convergências capazes de costurar o tecido social. Os ataques de 8 de janeiro cruzaram essa marca civilizatória. É preciso que a sociedade se imponha regras claras de até onde o direito legítimo de discordar gera o preconceito, a intransigência e a deslegitimação do outro.

O que este livro mostra é que a politização dos assuntos que refletem a polarização de visões de mundo acaba por produzir uma sociedade em que tudo é relativizado a partir de que lado da torcida alguém está. Para alguns, a punição que vem do STF aos golpistas do 8 de janeiro é fundamental para se estabelecer um marco e um limite para a tolerância. Mas, para outros, é um exagero, em uma clara expressão de uma torcida política. Independentemente do fato, há versões que desafiam a natureza da nossa democracia e de nossa sociedade.

É fundamental compreender que a calcificação não é um desafio apenas de quem detém o poder. Lógico que uma sociedade intolerante desafia o governo Lula, os ministros do STF, o Congresso e os governadores, mas essa disputa se dará no cotidiano, nas salas de aula, nas prateleiras de supermercado ou na escolha de um novo cartão de crédito. Fazer negócios em Lulanaro vai exigir dos empresários brasileiros um cardápio de estratégias que hoje poucas companhias detêm.

No Capítulo 7, "Conclusão – Traçando os limites", último desta nossa jornada, tentaremos apontar como essa calcificação se dará no futuro próximo. O início do julgamento dos envolvidos nos atos antidemocráticos do 8 de janeiro é a delimitação de até onde a polarização pode ir. Quem aceita as regras do jogo — que incluem o respeito ao resultado das urnas — tem lugar de fala para defender suas teses. Quem tenta virar o jogo na força bruta deve ser extirpado. O limite pode ser uma fresta de saída para a calcificação.

Viver em um país no qual a política transbordou é complexo. Lidar com a intolerância requer boa vontade, esse sentimento tão raro no Brasil de hoje, e uma convergência sobre os limites de até que ponto o antagonismo é aceitável.

Em um ensaio clássico dos anos 1940, o jornalista britânico George Orwell escreveu sobre como a crença política pode operar em um mundo paralelo das decisões do dia a dia. Escreveu Orwell:

> É preciso uma luta constante para ver o que está diante do nariz [...]. As previsões políticas geralmente estão erradas, mas, mesmo quando se acerta, descobrir por que se está certo pode ser muito esclarecedor. Em geral, só se tem razão quando o desejo ou o medo coincidem com a realidade. Se alguém reconhece isso, não pode, é claro, se livrar de seus sentimentos subjetivos, mas pode, em certa medida, isolá-los de seu pensamento e fazer previsões a sangue-frio, como num caderno de aritmética. Na vida privada, a maioria das pessoas é bastante realista. Quando se está fazendo o orçamento semanal, dois e dois invariavelmente são quatro. A política, por outro lado, é uma espécie de mundo subatômico ou não euclidiano, onde é muito fácil que a parte seja maior que o todo ou que dois objetos estejam no mesmo lugar simultaneamente.[13]

Em uma sociedade calcificada, o cálculo aritmético do dois mais dois perde parte do seu sentido. Um candidato pode não

---

[13] Orwell (2009).

se eleger para fazer valer a política pública *a* ou *b*, mas apenas para impedir que o adversário faça *x* ou *y*. Um país que se mantém assim será incapaz de enfrentar os problemas econômicos, climáticos e sociais do seu tempo.

O Brasil da polarização extrema se aproximou do abismo de um conflito sem volta nas depredações de janeiro de 2023. Como na máxima do controverso clássico *Além do bem e do mal*, do filósofo prussiano Friedrich Nietzsche (1844-1900), "quem combate monstruosidades deve cuidar para que não se torne também um monstro. E se você olhar longamente para um abismo, o abismo também olha de volta para dentro de você". Em Nietzsche, monstro e abismo se confundem. O abismo é o mal a ser enfrentado, mas também é o risco de nos tornamos justamente aquilo que combatemos. O monstro é o outro, mas também pode ser um espelho das nossas atitudes. O abismo que a sociedade brasileira se defronta hoje pode ser a sensação quase niilista de que não existe saída para esse impasse, de que uma reconciliação nacional é impossível. Ou pode ser o grande desafio a ser enfrentado e superado. Este livro é a biografia desse abismo.[14]

[14] Nietzsche (1992).

UM NOVO ECOSSISTEMA DE COMUNICAÇÃO POLÍTICA

A COMUNICAÇÃO DE massa é o instrumento que permite aos políticos serem amados e temidos, reunindo ao mesmo tempo as duas características contraditórias que Nicolau Maquiavel (1469-1527) dizia serem desejáveis ao Príncipe.

O primeiro caso de êxito de comunicação política de massa foi do presidente norte-americano Theodore Roosevelt (1858-1919), que transformou seus programas de rádio em um "púlpito de provocações" (*bully pulpit*).[15] Copiando o tom vibrante dos pregadores protestantes, Roosevelt reinventou o papel do presidente nos Estados Unidos como porta-voz de uma plataforma ideológica, arrebanhando o apoio popular à sua guerra contra os monopólios dos bilionários "barões ladrões".

Décadas depois, seu primo em quinto grau e também presidente, Franklin Delano Roosevelt (1882-1945), usou a mesma mídia — o rádio — para renovar a relação entre o poder e o cidadão comum. Ao contrário do parente, as falas de F. D. Roosevelt tinham tom de conversa e tentavam reproduzir a intimidade de um bate-papo familiar ao lado da lareira (os *fireside chats*).[16] Quando falava no rádio, F. D. Roosevelt pedia a ajuda de seus ouvintes nas disputas com o Congresso. Seus apelos tinham o poder de fazer chover cartas nas mesas dos legisladores, que se sentiam pressionados pelo eleitorado a aprovar as medidas do New Deal.

---

15 Goodwin (2013).

16 Brands (2008).

"Os eleitores acostumados a ouvir os políticos falarem de suas distantes plataformas a um público imenso ficaram maravilhados com o fato de o presidente passar a entrar em suas salas de estar, como se estivesse lhes fazendo uma visita naquela noite", definiu décadas depois o marqueteiro americano Dick Morris.[17]

Na Alemanha dos anos 1930, o governo nazista subsidiou a venda de um aparelho de rádio chamado VE301. O *volksempfänger* (radiorreceptor popular) era capaz de conectar estações locais em ondas médias e longas, mas tinha pouca sensibilidade para receber sinais de estações mais afastadas, como as emissoras estrangeiras. O rádio era o meio de comunicação favorito de Adolf Hitler (1889-1945), e o número com que o VE301 foi batizado é uma referência ao dia 30 de janeiro de 1933, quando o líder nazista foi nomeado chanceler. Em 1939, ano do início da Segunda Guerra Mundial, 70% dos alemães se informaram principalmente pelo rádio.[18]

No Brasil, Getúlio Vargas entendeu o poder do rádio para legitimar e sustentar o próprio poder. Inaugurado em 22 de julho de 1935, o programa *A Hora do Brasil* — cujo título mais tarde foi modificado para *A Voz do Brasil* — se tornou obrigatório quando Vargas virou ditador, com transmissão diária em cadeia nacional no horário nobre da época, das 18h45 às 19h45. A partir de 1937, na ditadura do Estado Novo, o governo instalou receptores de rádio com alto-falantes nas praças das pequenas cidades para assegurar que todos pudessem ficar atentos à programação e, lógico, ao próprio Vargas.[19]

---

[17] Morris (2004).

[18] Meier (2018).

[19] Perosa (1995).

Diferentemente de Roosevelt, Getúlio não fingia conversar com o ouvinte nem falava de maneira simples, mas com voz impostada e dramática. Seu discurso era empolado, ao gosto do beletrismo da época, o que impunha autoridade e admiração num país em que metade da população era analfabeta. Líder de audiência, a Rádio Nacional, encampada pelo governo em 1940, mantinha uma linha telefônica direta que ligava a mesa presidencial à do diretor da estação.[20]

A TV teve comprovado impacto no resultado de uma eleição pela primeira vez na corrida presidencial de 1960 nos Estados Unidos, com a transmissão ao vivo de um debate em que o jovem e energético senador John Kennedy se impôs sobre o inseguro e suado vice-presidente Richard Nixon.[21] A partir de Kennedy, a TV passou a ser o principal meio de comunicação dos presidentes norte-americanos. Todo anúncio de projeto de lei, obra de infraestrutura ou guerra passou a ser tratado pela Casa Branca como parte de uma estratégia de comunicação para a TV.[22]

A expansão da rede de telecomunicações durante o regime militar transformou a TV no principal veículo de informação do brasileiro, mas a rigidez da Lei Falcão, que a partir de 1976 permitia aos candidatos apenas citar seu nome e seu número no horário de propaganda eleitoral, atrasou em anos o desenvolvimento da comunicação política.

Na primeira eleição direta para presidente pós-regime militar, em 1989, apenas as duas campanhas finalistas, a de Fernando

---

20 Oliveira (2006).

21 McGinnis (1968).

22 Kumar (2007).

Collor e a de Luiz Inácio Lula da Silva, demonstraram saber manejar a comunicação televisiva. A campanha de Collor era publicitária e vendeu o candidato com as mesmas técnicas usadas para produtos comerciais, servindo de modelo para tudo a que se assistiu em outras eleições depois daquele período.[23]

Collor foi o primeiro produto político da TV brasileira. Governador e herdeiro de uma das oligarquias de Alagoas, era um eventual candidato a vice-presidente quando, em 1988, reencontrou o amigo e primo Marcos Coimbra, sociólogo e diretor do instituto Vox Populi, a quem pediu uma pesquisa sobre a eleição do ano seguinte. A pesquisa da Vox indicou que o eleitorado se mostrava desiludido com os "políticos profissionais" e temeroso de votar em um candidato mais velho depois que Tancredo Neves faleceu sem ter tomado posse. O imaginário popular captado pela pesquisa mostrava gigantesca repulsa aos políticos profissionais, à corrupção e aos funcionários públicos. Collor tornou-se a resposta a essa demanda.

Aos 40 anos, 1,84 metro de altura, físico de esportista, Collor tinha um talento nato para a televisão. Reempacotado como líder de uma revolta popular contra as elites corruptas, Collor viabilizou sua candidatura com três programas eleitorais partidários em cadeia nacional de rádio e TV. Em 30 de março de 1989, ele se apresentou ao Brasil como o "caçador de marajás", o ousado governador de Alagoas que havia enfrentado os supersalários do funcionalismo público. Bem produzido, o programa intencionalmente lembrava um especial de Natal da TV Globo.[24] No segundo programa, em abril, Collor aparecia como

---

23 Conti (2012).

24 Piccolo (2013).

uma reedição dos telejornais dos anos 1970 de Amaral Netto para mostrar as belezas dos rios no Amazonas em oposição ao desperdício de alimentos apodrecidos em armazéns do Governo Federal no Tocantins. No terceiro programa, em maio, já se assumindo como candidato, Collor prometia casas populares de graça para os mais pobres e a criação de uma procuradoria especial para investigar corrupção.[25] Segundo o Ibope, o candidato saiu de 9% das intenções de voto em março para liderar as pesquisas em junho, com 32%.[26]

Collor realizou o que o cientista político francês Bernard Manin[27] aponta como uma das características da chamada "democracia de público": o fato de os candidatos poderem se comunicar diretamente com seus eleitores, dispensando a mediação de relações partidárias, com seus ativistas, burocratas e chefes políticos. Segundo Manin, a democracia de público é o reinado do comunicador.

Pesquisa do Ibope feita um mês antes do pleito de 1989 demonstrou a supremacia da TV como meio de comunicação eleitoral. O levantamento indicava as fontes de informação sobre a campanha mencionadas com maior frequência: conversas com amigos e familiares (41%), o horário de propaganda eleitoral gratuita no rádio e na TV (34%), conversas com amigos e colegas de escola (27%), debates na televisão (26%) e notícias na TV (20%), nos jornais (15%) e no rádio (10%).[28]

Em 13 de dezembro de 1989, Collor e Lula se enfrentaram no segundo e último debate do segundo turno. As pesquisas de opi-

---

25 Piccolo (2013).
26 Singer (1994).
27 Manin (1997).
28 Avelar (1992).

nião mostravam os candidatos empatados na margem de erro — uma surpresa, pois Collor havia saído do primeiro turno com 9 milhões de votos de vantagem. Collor foi melhor no debate, mas essa impressão dependeria da repercussão na TV. No dia seguinte ao debate, o *Jornal Hoje*, da TV Globo, apresentou uma edição na qual os dois candidatos pareciam ter tido desempenho equivalente. À noite, no *Jornal Nacional*, no entanto, foi exibida uma nova edição do debate, com as frases de Lula ocupando 2 minutos e 22 segundos e as de Collor, 3 minutos e 34 segundos.[29] "[Na edição do *JN*] Collor foi o tempo todo sintético e enfático, enquanto Lula aparecia claudicante, inseguro, trocando palavras. É possível argumentar que a escolha das falas dos dois candidatos tentou refletir o conteúdo do debate. Mas é impossível defender que o *Jornal Nacional* buscou refletir o debate de modo neutro e fiel", escreveu o jornalista Mario Sergio Conti em *Notícias do Planalto*.[30] Por décadas, desde então, a Globo foi chamada de "Globolixo" pelos petistas, ataque depois incorporado no léxico dos bolsonaristas.

As eleições presidenciais seguintes consolidaram a ideia de que a vitória eleitoral dependia da sua comunicação via TV, o que produziu não apenas uma geração de publicitários famosos como distorção, na qual cada candidato a cargo de presidente do Brasil passou a priorizar coligações partidárias amplas com o único intuito de obter mais tempo de propaganda, uma vez que o sistema eleitoral define que as coligações de partidos com mais cadeiras no Congresso Federal têm direito a maiores fatias de tempo da propaganda eleitoral gratuita do que as coligações de partidos com menos cadeiras.

---

29 Memória Globo (2021).
30 Conti (2012).

Depois de Roosevelt no rádio e Kennedy na TV, Barack Obama foi outro ponto de inflexão na comunicação política. Na campanha a presidente dos Estados Unidos de 2008, ele estava presente em 16 diferentes plataformas, que eram promovidas e interconectadas em seu website. Todos os posts tinham botões de compartilhamento automático de material no Facebook e no Twitter. Vista até então como apenas um novo instrumento para arrecadação de fundos, a internet passou a ser um jeito de organizar o apoio popular, direcioná-lo e transformá-lo em militância que buscava votos ativamente, relata o coordenador da campanha de Obama, Ben Self.[31]

Com apenas um minuto e meio de propaganda eleitoral em 2010, a então ex-ministra Marina Silva foi a primeira brasileira a basear sua campanha na internet. Copiando abertamente slogans e imagens usados pela equipe de Obama, a estratégia abriu uma dúzia de frentes na rede, que incluíam o site oficial, um blog, canais no Twitter, Orkut, Facebook e YouTube, algo inédito no Brasil.[32] O sucesso da candidata, no entanto, não se deveu à sua estratégia digital, mas ao estrago feito no campo petista pelos vídeos no canal do pastor Silas Malafaia no YouTube, que acusou a candidata Dilma Rousseff de, caso eleita, buscar a legalização do aborto.[33]

Os ataques de Malafaia impediram a vitória de Dilma no primeiro turno de 2010,[34] e parte dos votos que seriam dela terminou com a evangélica Marina Silva, que teve o melhor resultado de um terceiro colocado na história, 19,3% dos votos válidos.[35]

---

31 Plouffe (2009).
32 Costa (2011).
33 Luna (2014).
34 Nunes e Meira (2012).
35 Amaral (2011).

Em 2018, com ainda menos tempo de propaganda de TV do que Marina Silva, Bolsonaro mostrou o real potencial da internet numa campanha ao copiar ostensivamente o estilo de seu ídolo, Donald Trump. Homem de TV, o político norte-americano usou o Twitter como seu meio de comunicação primordial, mesmo sabendo que o alcance da plataforma naquele período era mínimo se comparado ao do Facebook. "Sou o Ernest Hemingway dos 140 caracteres", disse Trump sobre suas publicações (à época esta era a extensão máxima de cada mensagem da atual rede social X, antigo Twitter).

No livro *Medo*, o jornalista Bob Woodward[36] relata como Trump mandou imprimir as postagens com maior engajamento para analisar se havia alguma lógica entre elas. Ele concluiu que as mensagens mais eficientes eram as mais polarizadoras e ultrajantes.

A família Bolsonaro usou a técnica trumpista de gerar raiva e impacto com seus *posts*, mas o meio de preferência foi o WhatsApp, o aplicativo de comunicação pessoal que, ao contrário das redes sociais, não permite o rastreamento das mensagens. Para o marketing político, a incorporação do WhatsApp à vida do brasileiro talvez seja a mais significativa das inovações tecnológicas deste século.

Pesquisa da Secretaria de Comunicação da Presidência da República mostrou que já em 2014, pela primeira vez, os brasileiros passaram a gastar mais tempo na internet do que assistindo à TV, 3h39min ante 3h29min. No ano seguinte, a pesquisa descobriu que 48% dos brasileiros usavam internet e, dentre esses, 83% tinham Facebook, 58%, WhatsApp, e 17%, YouTube.[37]

---

36 Woodward (2020).

37 Brasil (2014).

Em abril de 2014, o WhatsApp anunciou que sua base de usuários ativos no Brasil somava 45 milhões. Quatro anos depois, em 2018, o WhatsApp havia conquistado 120 milhões de usuários, enquanto o Facebook atingia a marca de 127 milhões de contas no país.[38] Em 2019, o Brasil representava cerca de 9% do total de 1,5 bilhão de pessoas conectadas pelo WhatsApp em 180 países, o segundo maior mercado do aplicativo, atrás apenas da Índia.[39]

Em 2018, 70% dos brasileiros — 126,9 milhões de pessoas — usaram a *web* regularmente. Naquele ano, o número de domicílios com pelo menos um aparelho celular chegou a 93%. Os resultados de uma pesquisa sobre tecnologias da informação e comunicação (TIC) apontaram também o avanço entre os usuários das classes D/E, de 30% em 2015 para 48% em 2018. Em relação aos dispositivos utilizados, o estudo apontou que 85% dos usuários de internet das classes D/E acessavam a rede exclusivamente pelo celular. No total, o celular era o principal meio de conexão para 97% dos brasileiros.[40]

Com apenas 8 segundos de tempo de propaganda em rádio e TV, a campanha de Bolsonaro foi a primeira a comprovar o potencial das redes sociais. Em 2015, o filho e vereador Carlos Bolsonaro havia iniciado as primeiras correntes de WhatsApp para disseminação da propaganda bolsonarista.[41] Desde então, cotidianamente, os membros da família Bolsonaro passaram a distribuir informações a contatos em vários estados, e estes as

---

[38] Cabe lembrar que a população brasileira em 2018 era de 160,9 milhões de pessoas com 16 anos ou mais, portanto potenciais eleitores. Isso dá uma ideia mais clara da penetração da rede social e do aplicativo de troca de mensagens.

[39] Vuleta (2022).

[40] PNAD Contínua TIC 2017 (2018).

[41] Bolsonaro e Mendes (2022).

redistribuíam para grupos de WhatsApp, que à época não tinham limitação no número de membros.

A *fanpage* de Bolsonaro no Facebook foi criada em 14 de junho de 2013, durante a explosão de protestos antigoverno. Um ano depois, o perfil oficial já era uma das principais âncoras da rede antipetista, formada por grupos de várias orientações ideológicas. Em 2017, quando ele exercia seu sétimo mandato como deputado federal pelo Rio de Janeiro, a página tinha 4,2 milhões de seguidores no Facebook, superando a do ex-presidente Lula, com 2,9 milhões. Batalhões de voluntários compartilhavam suas postagens e criavam comunidades *on-line* dedicadas a galvanizar o apoio à sua candidatura. Acostumado a fazer comunicação estrategicamente orientada apenas nos anos eleitorais, o PT foi massacrado.

Em 18 de outubro de 2018, a repórter Patrícia Campos Mello publicou no jornal *Folha de S.Paulo*[42] o primeiro de uma série de artigos comprovando a existência de um esquema ilegal de disparos em massa de mensagens pelo WhatsApp para ajudar a eleição de Bolsonaro. Sem declaração à Justiça Eleitoral, cometendo, portanto, crime de caixa dois, empresários financiaram o envio de dezenas de milhões de vídeos, áudios, memes, piadas, montagens de "mamadeira de piroca", fotos de mulheres ensaiando sexo com cruzes falsamente atribuídas aos protestos do #EleNão e qualquer argumento que pudesse trazer um voto a mais a favor de Bolsonaro.[43]

Um estudo de 2019 do Departamento de Ciência da Computação da Universidade Northwestern, nos Estados Unidos,

---

42 Campos Mello (2018).

43 Campos Mello (2020).

mostrou que os grupos de WhatsApp de direita no Brasil compartilhavam na época mais conteúdo multimídia e vídeos do YouTube que os de esquerda. Nos grupos de direita, 46,55% dos usuários encaminhavam esse tipo de mensagem durante a campanha eleitoral, sendo que nos de esquerda eram apenas 30,09%.[44] "Com Collor, vimos a emergência de um fenômeno propagado pelas redes de televisão. Bolsonaro não só nos mostrou que a era da televisão está se encerrando, como uma nova era começa: a das campanhas feitas nos subterrâneos da sociedade, por meio das redes sociais",[45] avaliou o cientista político Jairo Nicolau.

Usando dados de uma simulação do segundo turno, feita pelo instituto Datafolha no início de outubro de 2018,[46] Nicolau mostrou que, excluídos os indecisos e os que pretendiam se abster, a maioria dos eleitores que utilizavam o WhatsApp ou o Facebook declarava preferência por Bolsonaro. Entre os que não utilizavam nenhuma das duas plataformas, a maioria pretendia votar em Haddad.

A eleição de 2018 no Brasil foi a primeira em que ficou comprovada a influência do WhatsApp na formação de *clusters* para a distribuição de informação — verdadeira ou não — de cada candidato.[47] No ano seguinte, o fenômeno se repetiu nas eleições da Índia.[48] A campanha de reeleição do primeiro-ministro Narendra Modi, em 2019, distribuiu de graça milhões de aparelhos celulares que vinham com um aplicativo do partido do can-

---

44 Grupos de direita... (2019).
45 Nicolau (2018).
46 Nicolau (2020).
47 Machado *et al.* (2019).
48 Chaturvedi (2019).

didato e o WhatsApp pré-instalados. O aparelho só funcionava se o usuário lesse as mensagens da campanha. Modi foi reeleito.

O zap no Planalto

Meia hora depois de ter a vitória confirmada no segundo turno de 2018, Bolsonaro falou aos brasileiros por meio de uma transmissão ao vivo no Facebook, rompendo uma tradição de décadas na qual os presidentes eleitos discursavam para emissoras de rádio e televisão. Ele apareceu em casa entre a mulher, Michelle Bolsonaro, sentada à sua direita, e uma intérprete de Língua Brasileira de Sinais (Libras). O pronunciamento de quase oito minutos consagrou a influência do Facebook na sua eleição. Cerca de 330 mil pessoas acompanharam a transmissão. Uma hora mais tarde, o vídeo tinha 2 milhões de reproduções e mais de 350 mil comentários. Bolsonaro, à época, somava 2 milhões de seguidores no X e 5,6 milhões no Instagram.[49]

Ao contrário de outros presidentes, uma vez eleito, Bolsonaro manteve a máquina digital operando como se a campanha não tivesse terminado. O uso intensivo de sua conta no Twitter substituiu a necessidade de um porta-voz formal;[50] as transmissões semanais no Facebook viraram seu canal direto com a sociedade, dispensando as tradicionais entrevistas coletivas de imprensa;[51] as gravações de conversas com seus apoiadores no cercadinho do Palácio da Alvorada se tornaram peças de propaganda diária; e a principal produtora de comunicação presidencial[52] era uma força-

---

[49] Gortázar e Becker (2018); e Ramos (2018)
[50] Araújo e Mazieiro (2020).
[51] Freire (2019).
[52] Bolsonaro e o "gabinete do ódio"... (2022).

-tarefa de servidores lotados no Palácio do Planalto e comandada de fora do governo por um dos filhos do presidente, o vereador Carlos Bolsonaro.

Foi uma experiência radical de eliminação da intermediação da mídia tradicional, os chamados *gatekeeper*, imitando e expandindo o modelo adotado havia dois anos por Trump. Bolsonaro foi o primeiro "presidente digital" da nossa história. Foi ele quem inaugurou a substituição dos *releases* de imprensa por tuítes, das coletivas por cercadinhos e dos posicionamentos por lacradas.

Ao longo do mandato, Bolsonaro foi alinhando seu estilo personalista como parte da comunicação oficial do governo. Os vídeos no Facebook passaram a conviver com transmissões de pronunciamentos oficiais em rádio e TV, a distribuição de informações ganhou um caráter mais profissional[53] e a distribuição das verbas publicitárias privilegiou as empresas de mídia que defendiam o governo, como Jovem Pan, Record, revista Oeste e Brasil Paralelo.[54]

A família Bolsonaro passou a gerir um ecossistema de comunicação, que incluía as falas diárias no cercadinho do Alvorada, as lives semanais no Facebook, os tuítes ao longo do dia, os posts do Telegram feitos sob medida para serem compartilhados em grupos, as correntes de WhatsApp, o apoio de veículos tradicionais, entrevistas regulares e apresentadores populares, como José Luiz Datena, Sikêra Junior e Ratinho, e a distribuição de áudios para rádios do interior.[55]

---

53 Gullino (2021).
54 Prazeres (2020).
55 Freire (2021).

O sistema era tão eficaz que, junto com o volume extraordinário de recursos do Auxílio Emergencial, ajudou a segurar a popularidade de Bolsonaro depois do desgaste causado pela má gestão da pandemia de covid-19. Após um primeiro ano de mandato de boa vontade da mídia tradicional em função da Reforma da Previdência, Bolsonaro foi o primeiro presidente a sobreviver a três anos seguidos de uma oposição dura de veículos do Grupo Globo. Embora a aprovação ao governo Bolsonaro tenha sofrido uma queda no início do mandato, a partir da montagem desse novo ecossistema de comunicação o presidente manteve suas taxas razoavelmente estáveis.

Em 2017, a Quaest desenvolveu um algoritmo de inteligência artificial capaz de revelar o grau de popularidade digital de uma personalidade ou marca, agregando 152 variáveis extraídas de seis plataformas (o antigo Twitter, Facebook, Instagram, YouTube, Google e Wikipedia). Com o produto, batizado de Índice de Popularidade Digital (IPD), a Quaest passou a publicar regularmente os indicadores de reputação das principais lideranças políticas do país.

Uma comparação da evolução do IPD de Bolsonaro ao longo do mandato revela que o presidente conseguiu manter patamares altos de influência até a decisão de acabar com o Auxílio Emergencial de 600 reais, em dezembro de 2021. Na campanha eleitoral, quando o Bolsa Família foi substituído pelo Auxílio Brasil (retornando ao valor mínimo de 600 reais) e a máquina de propaganda estava no máximo, o indicador voltou ao mesmo nível do início do governo.

EVOLUÇÃO DO ÍNDICE DE POPULARIDADE DIGITAL (IPD) DE BOLSONARO (2019-2022)

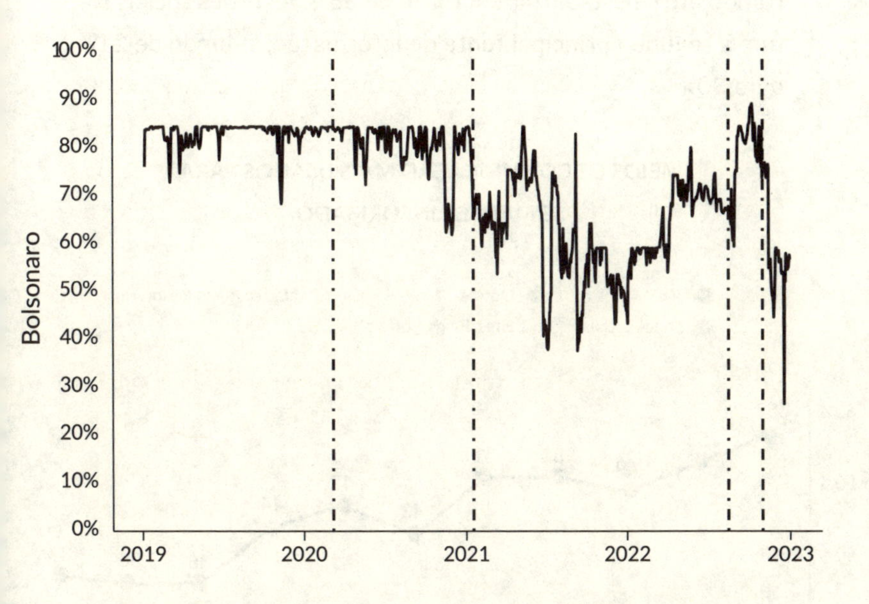

No Marco 1, o país começou a se fechar por conta da pandemia de covid-19, em 7 de março de 2020. No Marco 2, temos o início da vacinação contra covid-19, em 17 de janeiro de 2021. O Marco 3 registra o início da campanha eleitoral, em 15 de agosto de 2022. Por fim, o Marco 4 traz o segundo turno da eleição presidencial de 2022.

Analisando a série de pesquisas Genial/Quaest é possível encontrar uma correlação entre as fontes de informação política dos eleitores e suas preferências partidárias. A série revela diferenças no consumo de informação política entre os grupos de idade, renda e escolaridade. A influência da TV cresce com a idade, e as redes sociais predominam quanto maior é o grau de escolaridade do eleitorado.

Na sondagem de agosto de 2021, 57% dos entrevistados diziam se informar principalmente pela TV, indicador que foi caindo até se estabilizar em torno de 36%. As redes sociais foram a segunda principal fonte de informação, subindo de 21% para 30%.

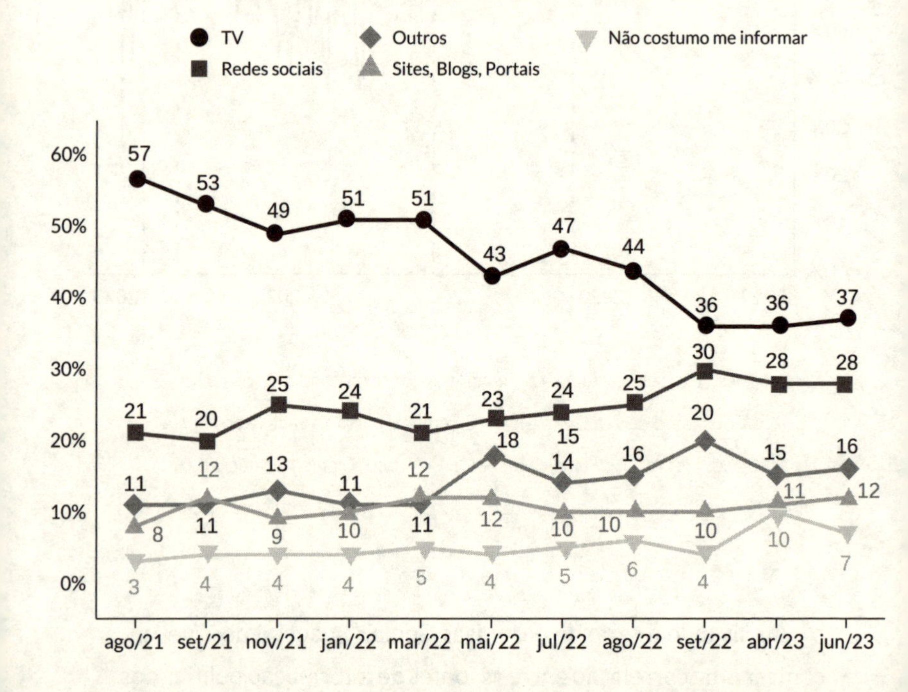

As pesquisas deixaram evidente o poder digital de Bolsonaro e apontaram um claro viés pró-Lula entre os que se informam pela TV. Entre os entrevistados que em abril de 2023 disseram ter votado em Lula no ano anterior, 46% declararam que se informam pela TV e apenas 20% pelas redes sociais. Entre os que afirmaram que votaram em Bolsonaro em 2022, 36% consomem informação pelas redes e 27% pela TV.

COMO VOCÊ SE INFORMA SOBRE POLÍTICA, CONFORME VOTO NO SEGUNDO TURNO DE 2022

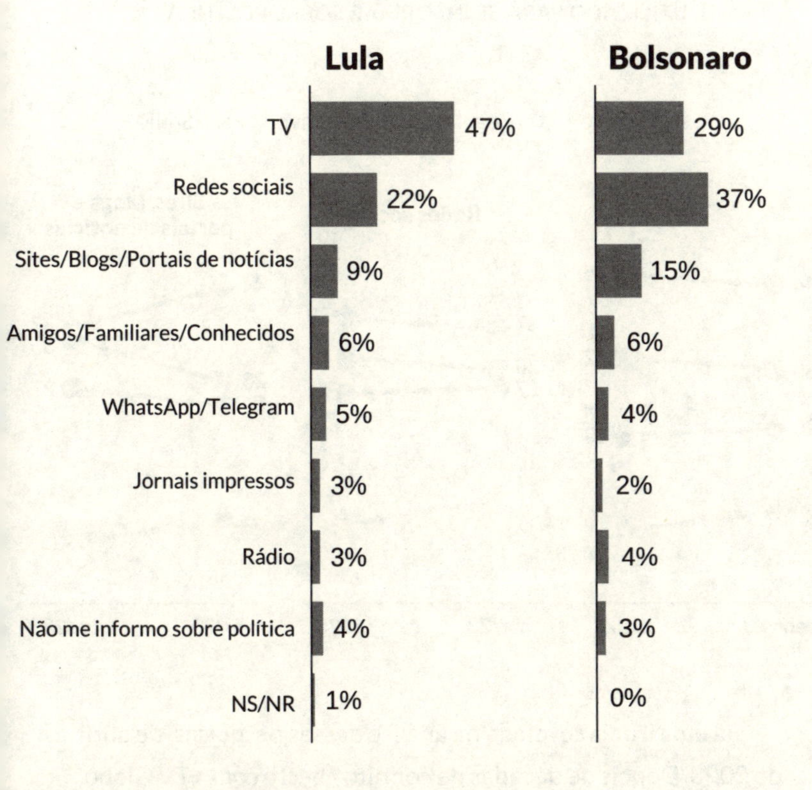

A diferença entre eleitores conectados à TV e às redes é encontrada também na avaliação dos primeiros meses do governo Lula. Na média, 37% dos eleitores consideravam o governo positivamente em junho de 2023 e 27% tinham avaliação negativa. Entre os que se informam pela TV, a avaliação positiva era de 46%, enquanto a negativa alcançava apenas 19%. Em sentido inverso, entre as pessoas que se informam nas redes sociais, o governo Lula tinha avaliação negativa de 39% e positiva de apenas 26%.

AVALIAÇÃO GERAL DO GOVERNO LULA, CONFORME O MEIO UTILIZADO PARA SE INFORMAR SOBRE POLÍTICA

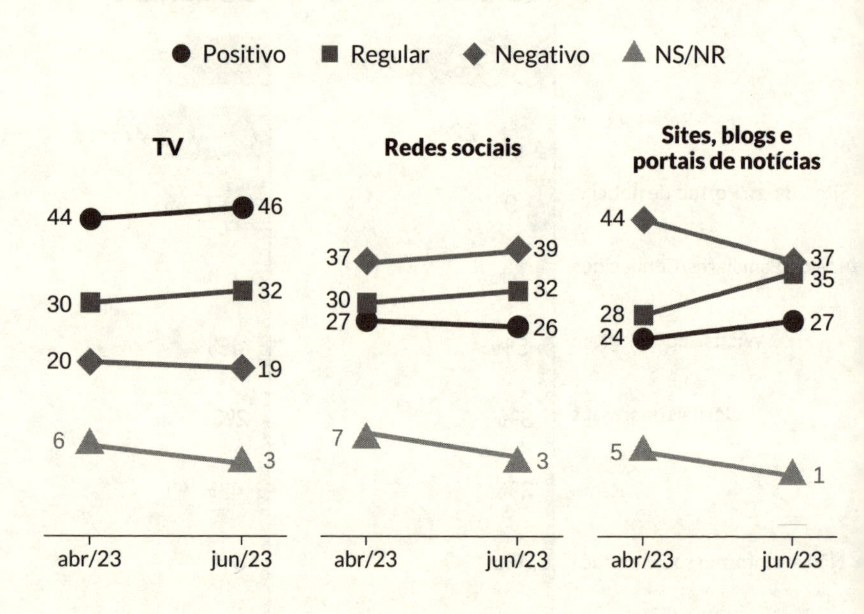

Há uma ironia revelada na análise dessas pesquisas, de abril de 2023. Depois de décadas de conflito aberto com a TV Globo, os lulistas de 2023 majoritariamente se informavam pela emissora ou por seu canal pago de notícias, a GloboNews, enquanto os bolsonaristas davam preferência para a Record e a Jovem Pan, emissoras que apoiaram o governo Bolsonaro explicitamente.

CANAL PELO QUAL OS ELEITORES MAIS SE INFORMAM SOBRE POLÍTICA, CONFORME VOTO NO SEGUNDO TURNO DE 2022

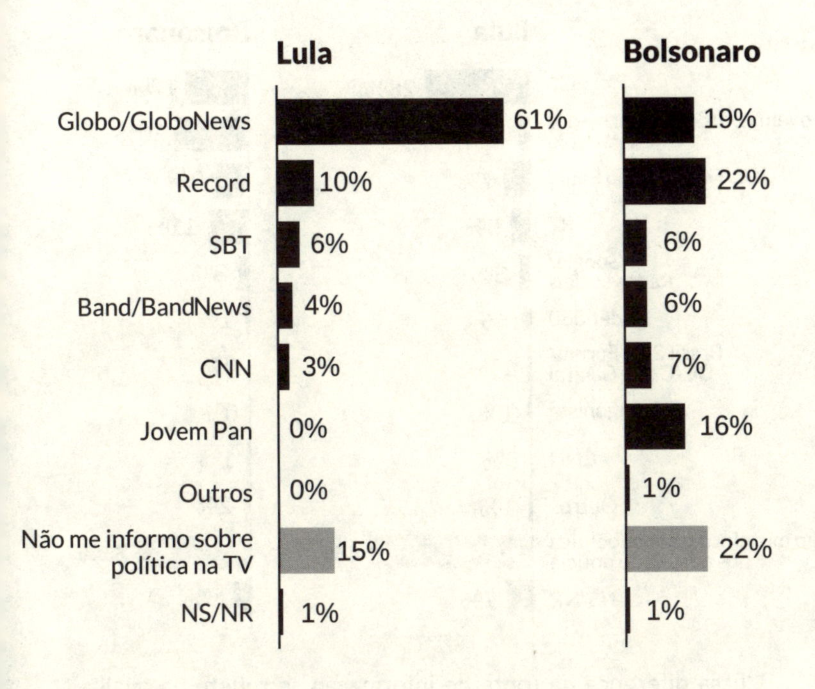

Entre os eleitores que se informam pela Jovem Pan, 83% desaprovavam o governo Lula. Entre os espectadores da Globo e da GloboNews, 53% avaliavam o governo positivamente. Na média do eleitorado, 36% tinham avaliação positiva e 29%, negativa.

Ao perguntar sobre os portais e blogs, a pesquisa Genial/Quaest de abril de 2023 registrou mais um marcador da polarização. O portal G1, do Grupo Globo, era favorito dos eleitores lulistas, com 28%. O ecossistema de extrema-direita, formado pela Jovem Pan e pelos canais das produtoras Brasil Paralelo e Brasil Sem Medo nas redes, tem 20% das preferências dos bolsonaristas.

PORTAL DE NOTÍCIAS PELO QUAL MAIS SE INFORMA SOBRE POLÍTICA, CONFORME VOTO NO SEGUNDO TURNO DE 2022

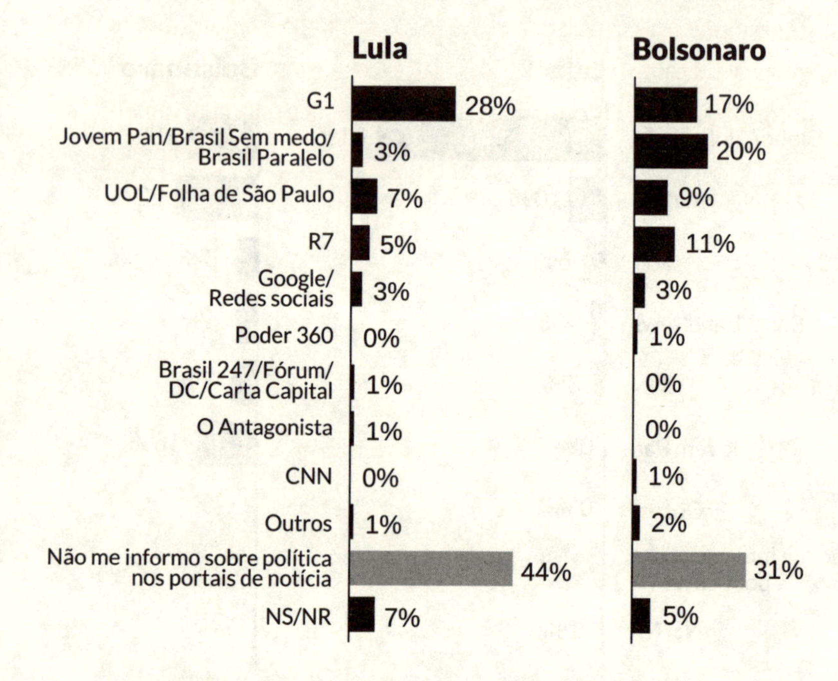

Essa diferença na fonte de informação se reflete na avaliação do governo. Os eleitores que se informam pelo G1 tinham, em abril de 2023, uma avaliação melhor do governo Lula do que a média, enquanto o público da Jovem Pan, do Brasil Sem Medo e do Brasil Paralelo percebia um país oposto ao registrado pelos demais brasileiros.

Um novo ecossistema de comunicação política

A partir da eleição de 2022, a consolidação de um ecossistema de comunicação política enviesado produziu dissonâncias cognitivas coletivas capazes de sugar a energia de todos no bate-rebate diário do que é verdade ou mentira. Nesse ecossistema, os eleitores tentam minimizar os efeitos dessa sensação de conflito mental recusando a informação que contraria suas crenças, ou buscando informação que reforce o que pensa. Isso explica o comportamento tão emocional em relação aos veículos de comunicação, aos jornalistas e aos institutos de pesquisa.

Os eleitores tentam desviar das dissonâncias, consumindo informação apenas sobre aquilo que lhe interessa. Esse fenômeno de desvio ou recusa é conhecido como "viés de confirmação", termo criado pelo psicólogo inglês Peter Wason, e se refere à tendência de interpretar os fatos de maneira a aceitar apenas as crenças preexistentes.[56] Quando isso ocorre, a pessoa tende a escolher a fonte de suas informações com base no que ela quer ouvir, desprezando aquelas que contrariam suas convicções. Assim, toma decisões ignorando informações relevantes que poderiam fazê-la mudar o comportamento.

Na eleição de 2022, esse ecossistema ficou escancarado. Para evitar a vitória do adversário, valia tudo: espalhar mentiras, defender o indefensável e romper com amigos e familiares. É como uma câmara de eco na qual o eleitor ouve ressoar exatamente suas próprias ideias.

Toda ação da Justiça para tentar limitar a disseminação de notícias falsas era imediatamente atacada como forma de "censura", uma tática usada particularmente pelo bolsonarismo no Brasil para reforçar aos olhos de seus eleitores que a Justiça estava sendo parcial contra o candidato. Em muitos casos, adotava-se o discurso em defesa das liberdades democráticas, especialmente

---

[56] Wason (1968).

da liberdade de expressão, para ameaçar a própria democracia. O problema, como no famoso aforismo de Isaiah Berlin, é que "a liberdade total dos lobos é a morte dos cordeiros".[57]

Esse fenômeno é comum nos esportes. Grandes clubes de futebol oferecem canais de *streaming* que narram as partidas exclusivamente do ponto de vista do seu time. Quem já acompanhou uma partida dessas sabe que está comprando parcialidade. Tal pessoa quer assistir a um jogo que considere pênalti toda vez que seu atacante cai na área, que decrete impedimento toda vez que o adversário chute a gol e que julgue como histórica toda e qualquer vitória. A experiência pode ser uma catarse no futebol. É daí que veio a fama de Galvão Bueno narrando as vitórias de Senna e as conquistas da Seleção Brasileira. Ele era um torcedor brasileiro narrando os jogos exatamente como um torcedor gostaria de estar vendo. Quando se trata de política, esse fenômeno é mais problemático, já que interfere na maneira como as pessoas interpretam informações e tomam decisões importantes.

Usando como referência uma teoria da ciência política chamada *raciocínio motivado*, os pesquisadores Frederico Batista Pereira, Natália Bueno, Felipe Nunes e Nara Pavão mostraram que a aceitação de correções de agências de *fact-checking* na eleição de 2018 estava relacionada à posição política dos eleitores.[58] Os autores conduziram alguns experimentos em *survey* para testar a eficácia de "vacinas" contra *fake news*. Depois de submeter os entrevistados a uma bateria de notícias (que poderiam ser verdadeiras ou falsas), os pesquisadores apresentaram aos participantes do estudo versões que desmentiram as informações apresentadas.

---

[57] Berlin (1990).

[58] Pereira *et al.* (2022).

Os resultados demonstraram que o eleitor em geral aceita apenas aquilo que converge com suas crenças iniciais e rejeita aquelas que contrariam sua opinião, não importando se a informação recebida é ou não verídica. Mesmo confrontado com a verdade, o eleitor acredita naquilo que é compatível com seu sistema de crenças — ou seja, ele acredita no que prefere acreditar, mostra o experimento. Ao contrário do senso comum, a crença em *fake news* não está correlacionada a escolaridade, renda, gênero ou idade do eleitor. É a afiliação política do eleitor que conta.

Os pesquisadores americanos Daphna Oyserman e Andrew Dawson[59] comparam o compartilhamento de *fake news* a uma espécie de teste de lealdade para militantes políticos. Em geral, eles compartilham vídeos, *posts* e memes de seu grupo político não apenas porque acreditam que estão disseminando verdades, mas porque, segundo os autores, é nisso "que eles querem acreditar". Para adeptos de líderes carismáticos, dizem Oyserman e Dawson, a verdade dos fatos, tomados um a um, não importa. Verdadeira seria somente a mensagem no seu conjunto, que confirma o viés do eleitor.

Disseminar notícias que ajudam seu candidato, mesmo que sejam falsas, parece ser um ato messiânico. É uma tarefa a ser cumprida. Mais do que mostrar que estava certo na mesa do jantar, mais do que mostrar que tem informação também, o ato de espalhar notícias acaba cumprindo um papel de se sentir útil. Cumprir a tarefa de disseminação, por que não dizer, de *evangelização*, é um ato de pertencimento a um grupo. Pesquisadores das universidades de Princeton e Nova York avaliaram perfis de 3,5 mil usuários do Facebook durante a eleição presidencial de 2016 nos

---

59 Oyserman e Dawnson (2021).

Estados Unidos. Os que tinham mais de 65 anos compartilharam sete vezes mais notícias falsas do que os mais jovens, com idade entre 18 e 29 anos.[60]

O uso de *fake news* para influenciar a opinião dos eleitores não tem nada de novo. O que é novidade é a capacidade das narrativas de chegar a tantas pessoas em tão pouco tempo. A propaganda política que se reproduz no Facebook, no X, no YouTube, no WhatsApp e no TikTok se espalha como uma enxurrada de informação, cada postagem confirmando a anterior, cercando o eleitor por todos os lados. Ao definirem o método de propaganda do governo Vladimir Putin, os norte-americanos Cristopher Paul e Miriam Mathews[61] o compararam com o que acontece quando uma mangueira de água sob forte pressão dispara jatos em múltiplas direções de forma descontrolada (*firehousing effect*). É uma tática conhecida por dar ao eleitor viés de confirmação da mensagem original, a familiaridade com um discurso que ele pode repetir e a sensação de pertencimento a um grupo.

Na guerra pelo engajamento nas redes sociais, o sucesso é medido pela capacidade de o líder gerar seguidores orgânicos, que nada mais são do que a versão digital do militante partidário dos tempos pré-internet. Na lógica do algoritmo, o engajamento não é obtido por mensagens que unam a sociedade, mas por aquelas que inflamam paixões, especialmente o medo, o ressentimento e a repulsa, como explicou o cientista político italiano Giuliano da Empoli.[62]

Cultivando os ódios de cada um sem se preocupar com a coerência do coletivo, esse populismo digital dilui as possíveis dife-

---

60 Tuchlinski (2019).
61 Paul e Matthews (2016).
62 Da Empoli (2019).

renças entre seus apoiadores e rearticula o conflito político tendo como base uma simples oposição entre "o povo" e "as elites". Autor de um clássico sobre o uso político das redes sociais em países tão diferentes quanto a Rússia, a Índia e a Inglaterra, o pesquisador russo Peter Pomerantsev[63] tem um viés pessimista: "Não é que as redes sociais mudem as mentes das pessoas. É que elas geram uma normalização artificial da mentira".

Esse novo contexto de comunicação criou as condições de um novo tipo de disputa política, em que os lados, cada um na sua bolha, reproduzem suas convicções e seus preconceitos sobre si mesmos e sobre o outro lado. Isso acaba por gerar um sentimento novo de identidade pelo conteúdo. Não uma identidade nacional, mas uma identidade de grupo. A personalidade, a trajetória e o modo de ver o mundo dos dois líderes políticos mais populares dos últimos tempos, quando combinados a esse novo ecossistema, produziram um novo formato de disputa, que é o que vamos discutir no próximo capítulo.

---

63 Pomerantsev (2019).

2

OS PRESIDENTES

A POLARIZAÇÃO BRASILEIRA é resultado de um processo de anos, mas dificilmente teria alcançado os níveis atuais se cada lado da corda não estivesse sendo puxado pelos dois líderes brasileiros mais populares do século. É difícil ficar impassível diante de Luiz Inácio Lula da Silva e de Jair Messias Bolsonaro.

Jair Messias

Nascido em 1955 em uma cidade de menos de 5 mil habitantes, numa das regiões mais pobres do estado de São Paulo, Bolsonaro se candidatou para o curso de oficiais do Exército porque esta era uma das poucas possibilidades para o filho de um dentista prático ter futuro assegurado. Conseguiu se formar na Academia Militar das Agulhas Negras (Aman). Em 1986, aos 32 anos, já com a patente de capitão, ele foi preso por 15 dias por publicar na revista *Veja* um artigo assinado reclamando dos baixos soldos.

Um ano depois, ele repassou à *Veja* croquis de um plano que previa a explosão de bombas na adutora que fornece água à cidade do Rio de Janeiro e em unidades militares. Preso como um dos autores do plano — fato que sempre negou —, Bolsonaro foi processado e quase expulso do Exército. Em troca do arquivamento do processo, ele deixou as Forças Armadas e entrou na política como porta-voz das reivindicações de militares de baixa patente. Estreando como vereador no Rio de Janeiro em 1988, foi eleito sete vezes deputado federal entre 1990 e 2014.

Na Câmara dos Deputados, era um parlamentar do baixo clero, sem nunca ter relatado ou proposto um único projeto relevante. Caricato na defesa do regime militar, Bolsonaro era mais conhecido pelas declarações bombásticas do que por seus projetos.

Numa entrevista à TV Bandeirantes, em 1999, ele disse: "Através do voto, você não vai mudar nada nesse país, nada, absolutamente nada. Você só vai mudar, infelizmente, quando um dia nós partirmos para uma guerra civil aqui dentro. E fazendo um trabalho que o regime militar não fez, matando uns 30 mil. Começando com FHC [o então presidente Fernando Henrique Cardoso]. Não deixando ir para fora, não. Matando! Se vai morrer alguns inocentes [*sic*], tudo bem".[64]

Em novembro de 2010, como conta o filho primogênito Flávio no livro *Mito ou Verdade*,[65] Bolsonaro recebeu de assessores os vídeos de um debate na Câmara dos Deputados sobre um projeto do Ministério da Educação para o combate ao preconceito nas escolas. Bolsonaro foi o primeiro a enxergar a oportunidade nas cartilhas que seriam enviadas a professores. Batizou o material de "kit-gay", acusou o PT de "incentivar o 'homossexualismo' nas crianças e impor a ideologia de gênero nas salas de aula". A denúncia o tornou popular entre os religiosos conservadores, o aproximou da bancada evangélica e tornou seu discurso virulento frequente em programas sensacionalistas, como *Superpop* e *Pânico na TV*.

As denúncias contra a campanha anti-homofobia e os ataques ao PT por causa da corrupção revelada pela Operação Lava Jato deram surpreendente ímpeto à página do Facebook de Jair

---

[64] Helal Filho (2019).

[65] Bolsonaro (2022).

Bolsonaro, já então coordenada pelo seu segundo filho, Carlos. Com uso regular de vídeos e memes, o que à época era incomum, Bolsonaro foi o deputado federal mais votado do Brasil em 2014, com 464.572 votos — quase quatro vezes mais votos do que havia obtido em 2010.

Em 17 de abril de 2016, na votação do impeachment da presidente Dilma Rousseff, Bolsonaro seria apenas mais um dos 366 deputados a votar pelo afastamento da petista, mas tornou-se o mais lembrado pela justificativa que apresentou: "Pela família e pela inocência das crianças em sala de aula que o PT nunca teve. Contra o comunismo, pela nossa liberdade, contra o Foro de São Paulo, pela memória do coronel Carlos Alberto Brilhante Ustra, o pavor de Dilma Rousseff".[66]

A apologia a um dos raros oficiais condenados por torturas praticadas no regime militar, no julgamento de uma presidente que havia sido presa política, estarreceu os articulistas dos jornais, mas transformou Bolsonaro em figura nacional.

Carismático no sentido weberiano,[67] Bolsonaro é um produto das redes sociais.[68] O uso intensivo de falas editadas, vídeos curtos e memes foi fundamental para construir sua imagem. Não fosse o digital, Bolsonaro enfrentaria várias críticas. Sua presença de palco é insegura. A dicção é ruim, e suas frases muitas vezes se perdem em raciocínios tortuosos. Quando conta algo engraçado, ele ri antes do final da piada. A expressão facial rígida, a fala pouco fluente, com as frases pronunciadas em *staccato* (em notas de

---

66 Poder360 (2021).

67 Weber acreditava que o carisma é um elemento importante na liderança, pois permite que um líder seja seguido, independentemente de sua posição hierárquica ou de suas qualificações técnicas.

68 Bolsonaro e Mendes (2022).

curta duração), parecem ser "rejeitadas" pela TV. Já nas lives do Facebook, nas tuitadas e na internet, em outros ambientes sem mediação, sua informalidade capta a atenção.

Esses defeitos poderiam encerrar a carreira de um político nos tempos da TV, mas nas redes sociais podem ser transformados em "autenticidade".[69] O que em outros políticos seria visto como desleixo ou gafe, nas redes sociais de Bolsonaro virou a qualidade de "gente como a gente".[70]

Na eleição de 2018, Bolsonaro já havia consolidado a imagem de um político "autêntico", o eufemismo usado para normalizar suas opiniões sobre mulheres, gays, quilombolas e indígenas. Contrariando o padrão do marketing que recomenda aos candidatos buscar o eleitor de centro, Bolsonaro acentuou seu radicalismo na campanha.

Atacou a esquerda, os professores, os jornalistas, os movimentos sociais e se assumiu como a voz de milhões de brasileiros que se sentiam tolhidos por suas opiniões. Ele foi o único candidato que entendeu que o eleitorado estava tão insatisfeito com o sistema político brasileiro que seria capaz de votar em alguém sem experiência administrativa, sem partido político e sem apoio das elites. Aliás, justamente por isso ele foi o escolhido.

No livro *Jair Bolsonaro — O fenômeno ignorado*, o terceiro filho do então presidente, Eduardo Bolsonaro, e o então assessor da Secretaria de Comunicação da Presidência, Mateus Colombo Mendes, emitiram uma definição concisa do discurso bolsonarista: "Bolsonaro é popular não porque fala o que as pessoas querem

---

[69] O estilo "gente como a gente"... (2019).

[70] Trindade (2022).

ouvir, isso o Lula já fazia. Bolsonaro é popular porque fala o que as pessoas querem dizer".[71]

Uma vez no Palácio do Planalto, Bolsonaro não conteve o instinto radical. Contrariando as expectativas de eleitores que imaginavam estar elegendo a agenda do ministro Paulo Guedes, Bolsonaro reforçou durante seu mandato um discurso agressivo e divisionista. Em uma entrevista à TV Bandeirantes, em março de 2019, ele provocou o presidente da Câmara, Rodrigo Maia, dizendo que o criticava porque estava "abalado com questões da vida dele".[72] Era uma referência à prisão do sogro do deputado, o ex-ministro Moreira Franco, e repetia o mesmo tom de um tuíte do filho Carlos. Colérico, Maia disse que Bolsonaro estava "brincando de presidir"[73] e ameaçou parar a votação da Reforma da Previdência, principal pauta econômica no Legislativo. O ministro Paulo Guedes apaziguou Maia, mas o bolsonarismo entendeu a mensagem: com o PT derrotado, o adversário agora era o Congresso.

Noventa dias depois de tomar posse, o governo Bolsonaro era avaliado como ótimo ou bom por apenas 32% dos brasileiros — o menor índice da série histórica iniciada com Fernando Collor.[74] Outros 30% consideravam o governo ruim ou péssimo, o maior índice na comparação com períodos de governo equivalentes para presidentes em início do mandato.

Semanas depois, por interferência direta do filho Carlos, o presidente demitiu os ministros da Secretaria-Geral da Presidência, Gustavo Bebianno, e da Secretaria de Governo, general Alberto Santos Cruz. O vice-presidente Hamilton Mourão foi afastado das

---

71 Bolsonaro e Mendes (2022).

72 Bolsonaro rebate... (2019).

73 Calgaro (2019).

74 Após três meses de governo... (2019).

reuniões e passou a ser atacado nas redes por supostamente conspirar contra o chefe. O bloqueio na liberação de verbas federais para as universidades, em maio de 2019, serviu de pretexto para as primeiras manifestações de rua contra o governo. O presidente do STF, Dias Toffoli, disse posteriormente à *Veja*[75] que, entre abril e maio de 2019, foi procurado por políticos, empresários e militares para discutir a possibilidade de afastamento de Bolsonaro.

Com popularidade em queda, brigas internas entre os filhos e ministros, suspeitando de conspirações reais e imaginárias e com a agenda no Legislativo parada, seria esperado que o presidente recuasse. Mas não Bolsonaro. Em 17 de maio, ele replicou nos seus grupos de WhatsApp um texto "de leitura obrigatória" que apresentava o Congresso com um antro de corruptos que tentavam impedi-lo de governar. Na resposta oficial ao jornal *O Estado de S. Paulo*, que primeiro revelou a iniciativa no WhatsApp, Bolsonaro declarou "contar com a sociedade para juntos revertermos essa situação".[76]

Não demorou muito tempo. Em 26 de maio do mesmo ano, militantes bolsonaristas promoveram a primeira das dezenas de manifestações de rua de apoio ao presidente. Em mais de 150 cidades, militantes voltaram a usar as cores verde e amarela para defender o presidente contra a "velha política", simbolizada por cartazes contra o Centrão e bonecos de Rodrigo Maia vestido como presidiário, além de críticas pontuais aos ministros do STF Dias Toffoli e Gilmar Mendes. Nas manifestações, Bolsonaro era motivado a "resistir" e "fazer valer a vontade do povo" contra a elite política.

---

[75] Junior e Borges (2019).

[76] Monteiro (2019).

No Twitter, Bolsonaro incentivou os atos: "Quanto aos atos do dia 26, vejo como uma manifestação espontânea da população, que de forma inédita vem sendo a voz principal para as decisões políticas que o Brasil deve tomar".[77] Até o fim do governo, o léxico seria o mesmo. Para Bolsonaro, todas as manifestações a seu favor sempre seriam "espontâneas" e mostrariam aos adversários que sua capacidade de mobilização popular seguia intacta.

A sequência se tornou um método de governo: demitir ministros para eliminar divergências internas, usar as redes sociais para provocar adversários, colocar-se como vítima de uma conspiração das elites que não o deixavam governar e, finalmente, convocar manifestações de rua para exibir apoio ao governo. Com Bolsonaro, governar era confrontar.

Porém, nenhum confronto foi maior que a covid-19. A pandemia, que em três anos matou 700 mil brasileiros, tornou-se a marca divisória do governo Bolsonaro. Em 6 de março de 2020, antes de a Organização Mundial da Saúde classificar a disseminação do novo coronavírus como uma pandemia, o presidente disse em rede nacional de rádio e TV que "seguir rigorosamente as recomendações dos especialistas é a melhor medida de prevenção".[78] A cautela durou pouco.

Em 24 de março, Bolsonaro fez seu terceiro pronunciamento de rádio e TV em um mês para falar das ações do governo para combater a doença. Ele comparou a covid-19 a "uma gripezinha", atacou a imprensa por ser "alarmista" e criou o mote da sua gestão contra as medidas de isolamento social tomadas pelos governos locais para conter a propagação da doença. "O vírus chegou, está

---

[77] Bolsonaro não vai... (2019).

[78] Não há motivo... (2020).

sendo enfrentado por nós e brevemente passará. Nossa vida tem que continuar. Os empregos devem ser mantidos", disse.[79]

Com o avanço da pandemia de covid-19 e da posição do Governo Federal de não apoiar o fechamento de comércio e serviços, a fúria bolsonarista assumiu um novo alvo: no lugar da Câmara dos Deputados, os ministros do Supremo Tribunal Federal. Em abril de 2020, quando alguns governadores tomaram essa e outras medidas para tentar controlar o vírus, Bolsonaro fez um discurso bélico:

> Se tivermos problemas, nós temos um plano de entrar em campo. Eu sou o chefe supremo das Forças Armadas. O nosso Exército, as nossas Forças Armadas, se precisar, nós iremos para as ruas, mas não para manter o povo dentro de casa, e sim para restabelecer todo o artigo de ir e vir, acabar com essa covardia de toque de recolher, [garantir o] direito ao trabalho e liberdade religiosa de culto.[80]

Semanas depois, o presidente atacou diretamente os governadores: "Uns [governadores] fecharam supermercados, outros querendo fechar aeroportos, outros querendo colocar uma barreira entre os estados, fechando academias. A economia tem que funcionar, caso contrário as pessoas vão ficar em casa sem ter com que se alimentar".[81]

O Congresso aprovou um pacote de medidas emergenciais, incluindo um auxílio de 600 reais, que, no auge, chegou a 60 milhões

---

79 "Gripezinha"... (2020).
80 Bolsonaro ameaça... (2021).
81 Zylberkan (2020).

de brasileiros. Bolsonaro também se beneficiou. Em agosto de 2020, 37% dos entrevistados pelo Datafolha consideravam o governo "ótimo ou bom", 5 pontos percentuais acima da pesquisa de junho. Os que consideravam o governo ruim ou péssimo eram 34%, 10 pontos percentuais a menos que na pesquisa anterior.[82]

Radicalizando o discurso e distribuindo o maior volume de recursos da história, Bolsonaro parecia ter ganho a parada. Indagados pelo Datafolha se confiavam nas palavras do presidente, 57% dos brasileiros responderam "sempre" e "às vezes".

Para testar a influência de Bolsonaro junto aos seus eleitores, o pesquisador Frederico Pereira e um dos autores deste livro, Felipe Nunes, fizeram um experimento de questionário *on-line* com mil participantes, entre 19 e 23 de março de 2020. Os entrevistados foram aleatoriamente divididos em dois grupos, de tratamento e controle, que no agregado eram idênticos com relação a características socioeconômicas e políticas. Enquanto o grupo de controle respondeu a perguntas gerais sobre o país e a pandemia, o de tratamento foi questionado se tinha conhecimento da declaração dada semanas antes por Bolsonaro, de que a pandemia seria "muito mais fantasia do que o que a grande mídia propaga". Ao saberem da declaração, os participantes que se diziam bolsonaristas passaram a concordar com o presidente e minimizaram sua inquietação com a covid-19. Segundo o estudo, numa escala de preocupação com a pandemia de 0 a 100, a média do grupo de tratamento foi 20 pontos inferior à do grupo de controle, confirmando a influência do discurso presidencial sobre seus seguidores.[83]

---

82 Datafolha: aprovação... (2020).

83 Pereira e Nunes (2022).

Havia método na atuação do bolsonarismo. A ação sistemática do presidente de levantar dúvidas sobre o risco da covid-19, a eficácia das vacinas, a confiabilidade das urnas eletrônicas, a imparcialidade da Justiça e o direito de intervenção das Forças Armadas nos Poderes constituídos foi uma estratégia para dividir a população entre bolsonaristas e não bolsonaristas. Os discursos de Bolsonaro engajaram, mobilizaram e deram senso de pertencimento aos seus apoiadores. Embora chefe de estado e símbolo maior do poder constituído, o então presidente conseguiu, com seus confrontos, retomar o lugar do candidato antissistema de 2018. Só que adiante, em 2021, dizia enfrentar uma conspiração que incluía o STF, o TSE, a mídia tradicional e até os bancos numa operação para favorecer o adversário Lula.

Ao longo do mandato, Bolsonaro insistiu na versão de que os ministros do STF e do TSE agiam com parcialidade, que o resultado eleitoral era manipulável, a cobertura da imprensa, suspeita, e que as Forças Armadas podiam exercer um imaginário Poder Moderador.[84]

Ao colocar aquele contexto em perspectiva, é possível notar que Bolsonaro foi dobrando a aposta, como mostrou levantamento do jornal digital *Poder360*.[85] Em 20 de abril de 2020, quando o país somava 2.584 mortes, reagiu com um "Eu não sou coveiro", ao ser questionado sobre as vítimas. Dias depois, quando o número de mortos ultrapassou 5 mil, ele disse: "E daí? Lamento. Quer que eu faça o quê? Sou Messias, mas não faço milagre". Em 10 de novembro, com mais de 162 mil mortos, ele afirmou em discurso que a pandemia estava superdimensionada e que o Brasil havia se tornado um "país de maricas", termo pejorativo para se referir a

---

84 Marcello e Paraguassu (2021).
85 Queiroz (2022).

homossexuais. Em 17 de dezembro, com 184.827 mortos, o presidente passou a atacar as vacinas: "Se tomar vacina e virar jacaré, não tenho nada a ver com isso". Em 11 fevereiro do ano seguinte, quando começou a vacinação, Bolsonaro recorreu a informações falsas para defender no Facebook os tratamentos com a cloroquina: "Quando eu falei remédio lá atrás, levei pancada. Nego bateu em mim até não querer mais. Entrou na pilha da vacina. O cara que entra na pilha da vacina, só a vacina, é um idiota útil. Nós devemos ter várias opções". Em 22 de janeiro de 2022, quando já era evidente o estrago que o discurso antivacina havia feito na sua imagem, o então presidente manteve o tom. Confrontado com o número de 1.449 mortes de crianças por covid-19 em 2021, ele reagiu: "Lamento profundamente, mas é um número insignificante".[86]

Após a derrota eleitoral, Bolsonaro alternou entrevistas reconhecendo o efeito negativo da postura sobre covid-19 com novas declarações negacionistas. Em fevereiro de 2023, autoexilado em Miami, nos Estados Unidos, Bolsonaro admitiu em entrevista ao *The Wall Street Journal* que seu posicionamento sobre a covid-19 mudou o resultado da eleição. Questionado se teria outra atitude diante da pandemia se pudesse voltar no tempo, ele respondeu: "Eu não diria nada, deixaria o problema para o Ministério da Saúde".[87] Em julho, numa festa partidária em São Paulo, recorreu novamente a informações comprovadamente falsas e voltou ao discurso dos tempos de presidente: "Agora vocês vão cair para trás. A vacina de RNA tem dióxido de grafeno. Onde [*sic*] ele se acumula, segundo a Pfizer (que eu fui ler aquele trem lá), no testículo e no ovário. Eu li a bula", discursou. No dia seguinte, recuou

86 O número de crianças... (2022).

87 Magalhaes e Pearson (2023).

— outra tática-padrão de Bolsonaro depois de obter o efeito desejado de ultraje dos adversários.

Bolsonaro teve seus direitos políticos cassados pelo Tribunal Superior Eleitoral até 2030 por ter difamado o sistema eleitoral em uma reunião, em julho de 2022, com embaixadores no Palácio da Alvorada, transmitida pela TV oficial do governo, na qual pediu que eles não aceitassem sua eventual derrota. Pesquisa Genial/Quaest mostrou que 82% dos eleitores de Bolsonaro consideravam a punição injusta. Consultados sobre se manteriam o voto se houvesse nova eleição, 93% dos eleitores de Bolsonaro responderam que sim. Mesmo expulso de campo, Bolsonaro segue protagonista do jogo.

Luiz Inácio

A política é um dos poucos lugares em que você pode ressuscitar sem precisar morrer antes. Ao sair da prisão em 8 de novembro de 2019, depois de 580 dias isolado numa sala da Superintendência da Polícia Federal em Curitiba, Lula era dado como politicamente morto. Ainda inelegível, sua libertação reuniu apenas militantes do PT. Meses depois, na eleição para prefeito, o partido teve um desempenho medíocre, especialmente em São Paulo, onde obteve o pior resultado da sua história. Lula parecia morto. Menos para ele. "Estou de volta", ele discursou na porta da PF.

Quando recuperou os direitos políticos, por decisão do Supremo Tribunal Federal, em abril de 2021, Lula já estava mergulhado nas articulações para retornar à presidência. O contexto, no entanto, era muito mais desafiador do que nas vitórias de 2002 e 2006. O maior adversário, Bolsonaro, era um político carismático, que havia massacrado o PT em 2018 e tinha à disposição a estrutura da máquina federal. Para ressuscitar, Lula precisava de um fato político que mudasse a dinâmica da campanha. Algo tão transformador quanto havia sido em 2002 a Carta ao Povo Brasileiro, o documento que descartou o calote à dívida pública e atenuou a resistência do mercado financeiro ao PT.

A solução para o problema de Lula veio numa especulação do marqueteiro Felipe Soutello a Fernando Haddad em um jantar na casa da ex-prefeita Marta Suplicy, em maio de 2021.[88] Na ocasião, Soutello argumentou que, com a máquina do governo federal na mão e uma militância engajada, Bolsonaro só seria derrotado por uma frente ampla. E essa frente ampla só seria obtida trazendo para a chapa de Lula um antigo adversário, como o ex-governador e um dos fundadores do PSDB Geraldo Alckmin.

Haddad comprou a ideia. Ele telefonou para o amigo Gabriel Chalita, que havia sido tanto seu secretário de Educação na prefeitura da capital como de Alckmin no governo do estado de São Paulo. Em segredo, ambos fizeram, por dois meses, a ponte para um primeiro encontro.

Finalmente, na noite do dia 14 de julho de 2021, Lula, à época com 76 anos, se reencontrou com Alckmin, de 68 anos, depois de quase uma década. Adversários desde sempre, os dois não tinham intimidade e haviam disputado a presidência em 2006, quando Lula venceu com mais de 20 milhões de votos de diferença. No último debate da campanha daquele ano,[89] Alckmin apostou na

---

88 Linhares e Azevedo (2022).

89 Assista a Lula e Alckmin... (2022).

repercussão de um inquérito da Polícia Federal sobre a compra de um dossiê por petistas para atingir José Serra, à época correligionário de Alckmin no PSDB e candidato a governador de São Paulo. "Candidato Lula, de onde veio o dinheiro sujo, um milhão setecentos e cinquenta mil em dinheiro vivo, reais e dólar, para comprar o dossiê fajuto?", perguntou Alckmin, que repetiu o tema seis vezes no encontro. "Possivelmente o governador [Alckmin] ainda tem saudade do tempo da tortura, em que [com] meia hora de prisão já se sabia quem era o mandante do crime, ou quem era comunista, quem era assaltante de banco", ironizou Lula, que fugia da pergunta.

Oito anos depois, na campanha de 2014, Lula chamava Alckmin de "picolé de chuchu, insosso, como se fosse comida sem sal". Alckmin respondia dizendo que Lula era "chefe de quadrilha".[90] No final de 2017, quando Lula pretendia ser novamente candidato, Alckmin afirmou num programa de TV que o ex-presidente pretendia "voltar à cena do crime".[91] Por meses, ao longo da campanha de 2022, a máquina de propaganda bolsonarista divulgou vídeos dos dois se maldizendo.

Por esse passado conflituoso, o reencontro de Lula e Alckmin no apartamento de Gabriel Chalita foi cercado de cuidados. Somente os dois políticos, Chalita e Haddad, sabiam dos reais motivos do jantar. Nem a presidente do PT, Gleisi Hoffmann, foi informada. Outros cinco encontros sigilosos se seguiram até que, em novembro, a articulação foi revelada pela colunista Mônica Bergamo, da *Folha de S.Paulo*.[92]

---

90 Relembre o que diziam Lula e Alckmin... (2022).
91 Matsui (2017).
92 Bergamo (2021).

A reação inicial do PT foi de repulsa. Ex-presidentes do partido, como Rui Falcão e José Genoino, se pronunciaram. "O Alckmin é a contradição a tudo isso que fizemos e pretendemos fazer [no governo]", disse Falcão.[93]

No tucanato, a reviravolta de Alckmin — que para fazer parte da chapa com Lula migraria para o PSB — foi tratada como traição. Em um vídeo, o então governador João Doria, que se lançara na política no PSDB com apoio de Alckmin, rompera com o antigo padrinho e tentava sem sucesso firmar uma candidatura presidencial, fez a pergunta retórica: "Geraldo Alckmin, você não está arrependido de sair depois de 33 anos, depois de ter sido fundador do PSDB, que combateu a corrupção de Lula nos treze anos de lulismo no governo do PT?".[94]

Não era a primeira vez que Lula buscava uma ressurreição. Sétimo filho de pais miseráveis do interior de Pernambuco, Lula começou a trabalhar ainda criança para ajudar a mãe abandonada pelo pai. Concluiu o ensino fundamental, matriculou-se em um curso técnico de torneiro mecânico e conseguiu um emprego no cinturão industrial de São Paulo, em São Bernardo do Campo. Aos 19 anos, Lula perdeu o dedo mindinho da mão esquerda em um acidente de trabalho. Aos 26 anos, a primeira mulher de Lula, Maria de Lourdes, morreu dando à luz, junto com o bebê. Lula ficou tão deprimido após a tragédia que seus amigos lhe arranjaram um emprego burocrático no Sindicato dos Metalúrgicos. Lá ele encontrou seu talento. Em 1975, com 29 anos, foi eleito presidente do sindicato, e o apelido Lula ficou conhecido no Brasil inteiro.

---

93 Bragon (2022).

94 Freitas (2022).

Quarto colocado entre cinco candidatos na sua primeira campanha eleitoral, em 1982, na disputa pelo governo de São Paulo, Lula pensou em largar a vida partidária e só foi convencido do contrário pelo líder cubano Fidel Castro, como contou o biógrafo Fernando Morais. Segundo Morais, após ouvir Lula compartilhar sua frustração, Fidel Castro lhe disse que ele não teria "o direito de abandonar a política".[95]

Em 1998, depois da terceira derrota seguida para a presidência da República, Lula isolou-se por semanas no sítio do amigo José Graziano. Ele se dizia cansado das querelas partidárias e tinha o apoio da mulher, Marisa, para se afastar da política. Quando a cúpula do PT entendeu que Lula falava sério, em 2001, metade dos dirigentes se animou para tentar tomar seu lugar como candidato, enquanto a outra fazia romaria para que ele mudasse de ideia. "Só volto se for do meu jeito", ele afirmou. Foi.

Alckmin era o passaporte para o Lula de 2022 ser novamente o Lula de 2002. A reunião de petistas e tucanos depois de seis disputas presidenciais sangrentas seria uma demonstração da gravidade dos riscos que um segundo governo Bolsonaro representava. Ao se juntar com o antigo adversário, Lula dava credibilidade à mensagem de que não seria um candidato vingativo depois de 580 dias de prisão, mas o representante de uma união nacional contra Bolsonaro.

Na biografia política *Lula e a política da astúcia: de metalúrgico a presidente do Brasil*, o historiador americano John D. French[96] ressalta como a formação sindical foi a espinha dorsal do estilo Lula. Pesquisador atento do sindicalismo industrial dos anos

---

[95] Moraes (2022).

[96] French (2022).

1970, French argumenta que Lula foi forjado em um ambiente de tensão em que era preciso abrir portas para dialogar com os adversários. Para quem negociou com generais a legalidade de uma greve dos metalúrgicos em 1978, chamar Alckmin de "companheiro" era simples.

Na teoria, a aliança era perfeita. Alckmin suavizava a imagem de Lula junto à classe média, que se tornou gradualmente antipetista com o mensalão, a Lava Jato e a recessão do segundo governo Dilma Rousseff. Liberal na economia, o ex-governador servia como a personificação de uma nova "Carta ao Povo Brasileiro". Conservador nos costumes e católico, Alckmin ainda poderia abrir canais com setores que tinham ojeriza à pauta progressista do PT.

O apoio de Alckmin, contudo, não foi suficiente para apagar os anos de Lula e do PT como fatores polarizantes da sociedade. Depois de mais de 40 anos como símbolo da esquerda, cinco campanhas presidenciais, oito anos como presidente, a prisão por corrupção na Operação Lava Jato, a anulação das condenações pelo Supremo Tribunal Federal, Lula havia se tornado um personagem que gerava ódios demais para ser atenuado pela presença de um vice moderado.

Em abril de 2021, em uma frase de improviso, sem que ninguém fosse avisado, o petista defendeu que o aborto deveria ser um "direito de todo mundo" e que fosse tratado como política de saúde, tema tabu para todo presidenciável. Depois recuou e se posicionou contra a legalização da prática, para além das situações previstas pela legislação.[97]

No mesmo evento, entre acadêmicos do Brasil e da Alemanha, Lula afirmou: "A elite brasileira é escravista. Ela pode ser avançada

[97] Santos (2022).

em um debate em Nova York, visitando Paris. Mas aqui no Brasil a mentalidade dela é escravista. E nós temos que ter coragem de dizer isso".[98]

Em 30 de abril de 2022, em ataque a Bolsonaro, uma declaração sua deu a entender que policiais não eram gente. "Ele (Bolsonaro) não tem sentimento. Ele não gosta de gente, ele gosta de policial".[99]

As declarações serviram para reforçar vários dos estereótipos de anos de antipetismo, para um partido com preconceitos contra os valores da classe média sobre família, raça e segurança.

É preciso, no entanto, evitar a falsa equivalência. Entre 2016 e 2022, Lula foi investigado, condenado, preso, solto e voltou a ser candidato a presidente sem nem de longe ameaçar as instituições ou incentivar rupturas como fez Bolsonaro, especialmente a partir da pandemia de covid-19.

O acordo com Alckmin foi a primeira etapa do plano de Lula para tentar transformar sua candidatura numa frente ampla contra Bolsonaro, numa repetição da tática da "Grande Tenda" que contribuiu para a vitória de Joe Biden contra Donald Trump dois anos antes.[100] Tanto nos Estados Unidos quanto no Brasil, a estratégia dos adversários dos presidentes incumbentes foi montar alianças amplas que dessem a impressão de que o outro representava uma fatia isolada da sociedade.

Lula obrigou o PT a apoiar candidatos de outros partidos em Minas Gerais, Pernambuco e Rio de Janeiro. No segundo turno, obteve o apoio da candidata Simone Tebet, de ex-aliados, como

---

98 Traumann (out. 2022).

99 Azevedo (2022). Dias depois, Lula pediu desculpas aos profissionais de segurança (Gonçalves e Roxo, 2022).

100 Cassidy (2020).

Marina Silva e Cid Gomes, e de liberais, como Henrique Meirelles, Pérsio Arida e Armínio Fraga.

Ao montar esse amplo arco, Lula se apresentou ao eleitor como o único candidato capaz de acabar com a polarização do governo Bolsonaro. Sua tática de isolar o bolsonarismo como expressão da extrema-direita, no entanto, funcionou parcialmente. Décadas de ódios e ressentimentos haviam sedimentado um antipetismo que já fazia parte do espectro político brasileiro. Mas ele conseguiu o objetivo central. Em seu primeiro discurso como presidente eleito, na noite de 31 de outubro de 2022, fez questão de afirmar: "Tentaram me enterrar vivo, mas eu ressuscitei".[101]

Duas rejeições

A campanha eleitoral de 2022 foi de baixarias. Ao longo dos meses, os dois candidatos se acusaram de tudo. Bolsonaro disse que o adversário estava envolvido em satanismo, corrupção, apoio ao tráfico de drogas, associação com facções criminosas, fechamento de igrejas, incentivo ao aborto e legalização do incesto. A campanha de Lula envolveu o então presidente em genocídio, pedofilia, canibalismo, xenofobia, racismo e organização de uma indústria de *fake news*. Ambos se acusaram de, uma vez eleitos, pretender fazer exatamente o oposto do que estavam prometendo em campanha.

[101] Leia e veja a íntegra... (2022).

A briga na lama sujou os dois candidatos. Pesquisa Genial/Quaest conduzida entre 23 e 25 de outubro[102] perguntou os motivos para a rejeição a Bolsonaro e a Lula, confirmando o desgaste na imagem dos dois. Para os eleitores de Lula, Bolsonaro era agressivo (22%), antipático (12%), preconceituoso (7%), corrupto (5%) e mentiroso (4%). Para os eleitores de Bolsonaro, o principal motivo para não votar em Lula era o petista ser corrupto (64%).

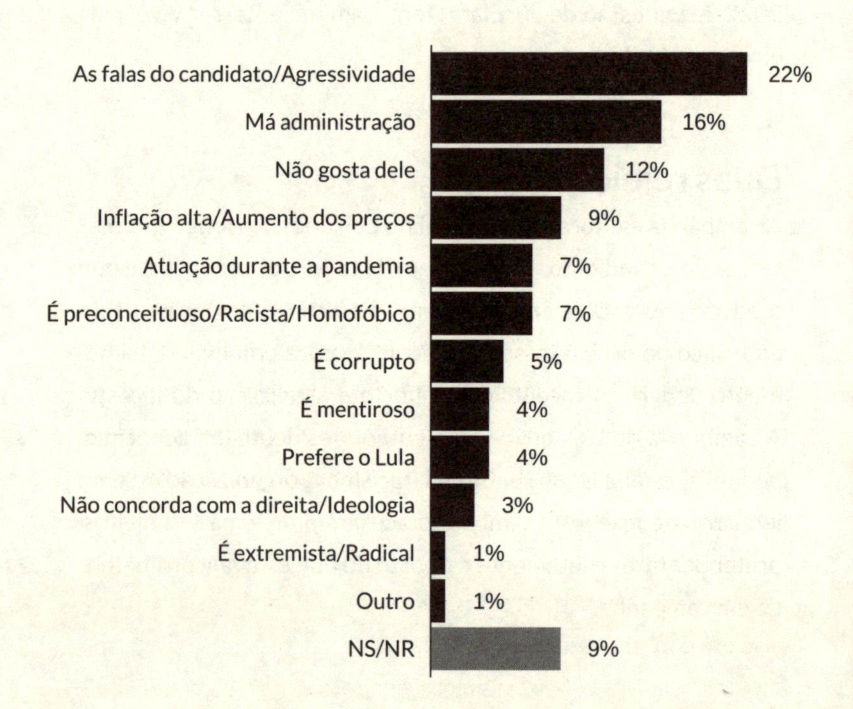

[102] Pesquisa domiciliar com 2 mil entrevistas em 27 unidades da federação, entre 23 e 25 de outubro de 2022.

QUAL O MOTIVO DE VOCÊ NÃO VOTAR EM LULA?

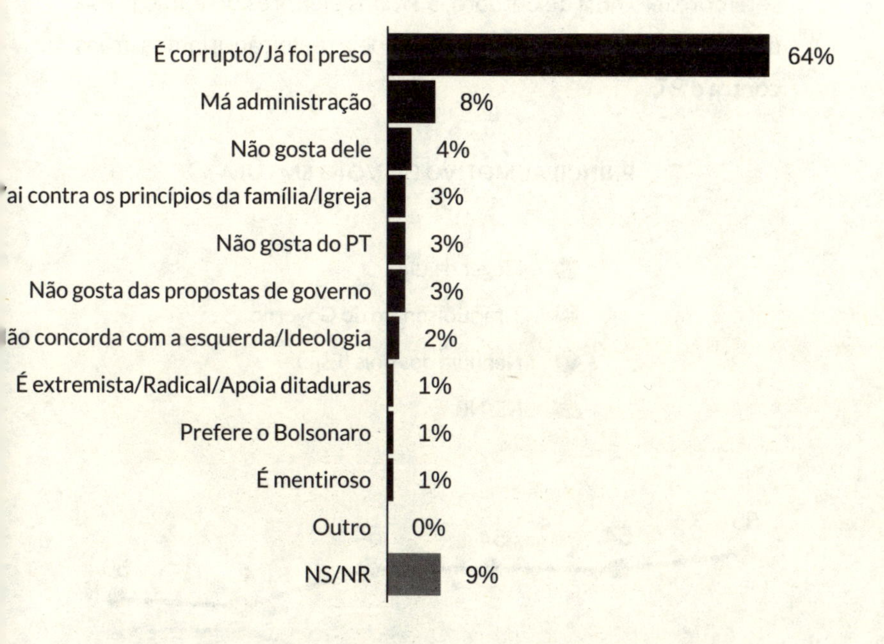

A mesma pesquisa Genial/Quaest descrita acima também perguntou aos eleitores qual a motivação do voto para o candidato predileto. A pergunta vinha sendo realizada desde setembro, e sua evolução é uma amostra de como a repulsa ao adversário — e não o afeto pelo candidato escolhido — ganhava força como principal explicação do voto.[103]

Em setembro, entre eleitores de Lula, derrotar Bolsonaro era a maior razão do voto para 39%. Já na véspera do segundo turno, esse era o motivo principal para 46% dos lulistas. Entre os bolsonaristas, o ódio a Lula foi num crescendo ao longo da campanha.

[103] Pesquisa domiciliar com 2 mil entrevistas em 27 unidades da federação entre 23 e 25 de outubro de 2022.

Impedir a volta de Lula era o motivo de 34% dos bolsonaristas em setembro. No final de outubro, 53% dos eleitores do então presidente reconheciam que, mais do que pela reeleição, iriam às urnas contra o PT.

PRINCIPAL MOTIVO DO VOTO EM LULA

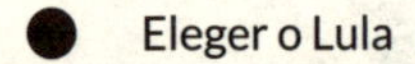

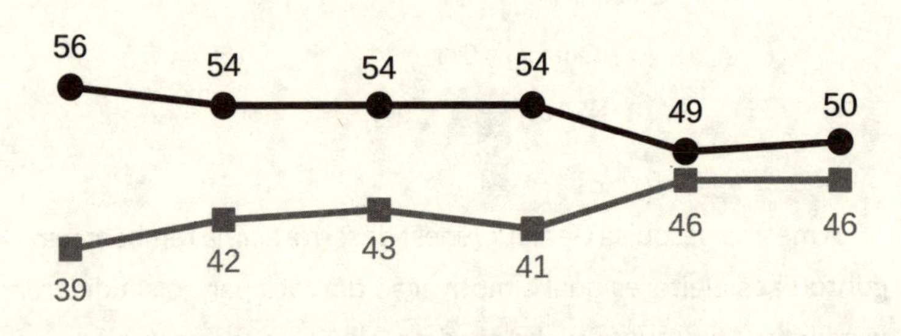

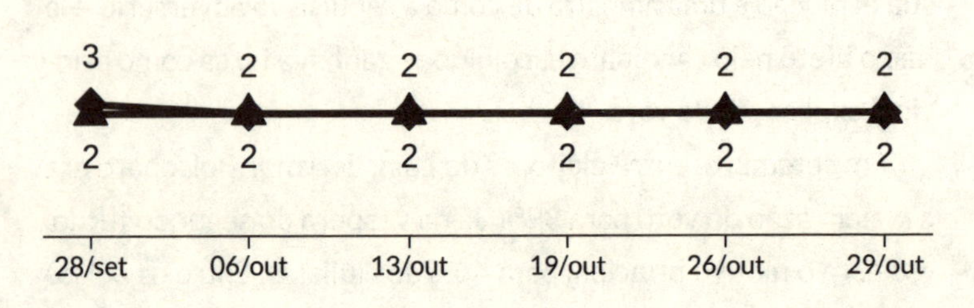

PRINCIPAL MOTIVO DO VOTO EM BOLSONARO

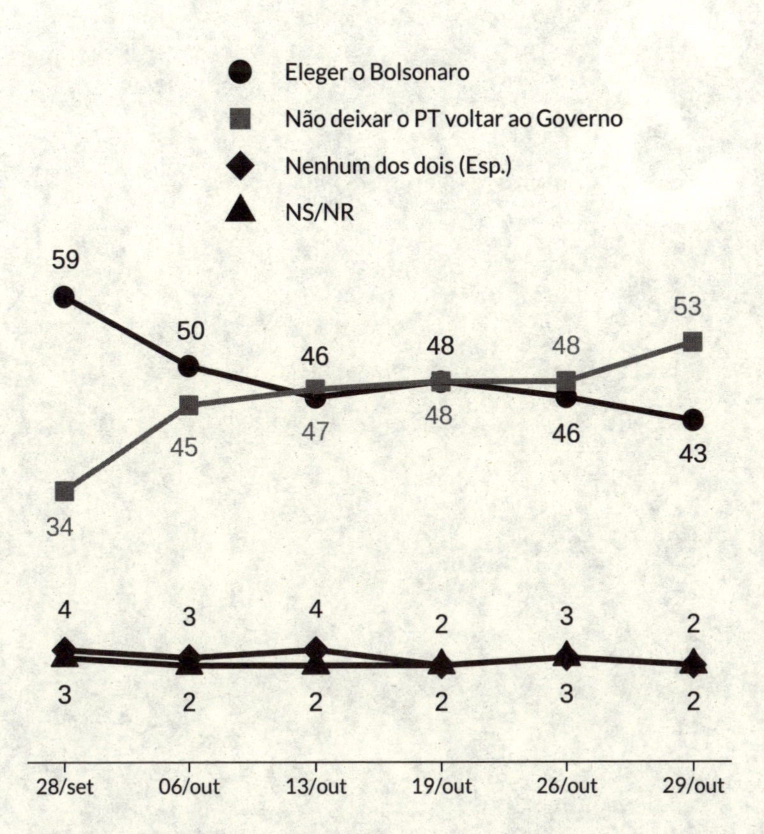

A personalidade de Jair Bolsonaro e a de Lula ajudaram a transformar a disputa de 2022 em uma guerra de rejeições. Ambos eram conhecidos, amados e odiados com igual paixão. Não foi uma eleição de programas, propostas e comparações de governos. Foi uma disputa entre duas visões de mundo, lideradas por duas personalidades polarizantes e com dois eleitorados que não suportavam a existência um do outro. A força de Lula e Bolsonaro está no fato de que apenas eles podem olhar para o eleitor e dizer "eu sou um de vocês".

3

A HISTÓRIA DE ÓDIO, AMORES E MEDOS

A ELEIÇÃO PRESIDENCIAL de 2022 é uma história de ódios, amores e medos. Esses sentimentos estavam em todos os lugares. Nas conversas no trabalho, nas camisetas com que você cruzava nas ruas, nos jantares com a família, nas filas do refeitório, nas salas de aula, nas figurinhas das redes sociais, nos estádios de futebol – e, com a intensidade de um furacão, nos grupos de WhatsApp com amigos, pais, primos e tios. Durante quase um ano, o Brasil não tinha outro assunto. Para usar um termo da teologia, a eleição se tornou uma *ubiquidade*, a faculdade de estar em todos os lugares ao mesmo tempo. E, mesmo depois que 124.252.796 eleitores foram às urnas em 30 de outubro, esse clima continuou. A eleição de 2022 não terminou.

As marcas de 2022

A eleição de 2022 foi a primeira em que um presidente e um ex-presidente se enfrentaram no Brasil. É um evento tão raro que, mesmo na longeva democracia norte-americana, só ocorreu duas vezes.[104] Embora se esperasse uma eleição de comparação, na qual os quatro anos de Jair Bolsonaro fossem cotejados com os oito de Luiz Inácio Lula da Silva, o que se viu foi a confrontação de

[104] Em 1892, o presidente republicano Benjamin Harrison perdeu a eleição para o ex-presidente democrata Grover Cleveland. Em 1912, o presidente republicano William Taft e o ex-presidente Theodore Roosevelt dividiram os votos, e ambos perderam para o democrata Woodrow Wilson.

duas personalidades e formas de enxergar o Brasil. O eleitor tinha duas opções conhecidas e radicalmente opostas uma à outra, ambas amadas e odiadas com vigor. Como a imensa maioria dos brasileiros tinha uma opinião sobre Bolsonaro e Lula, a chamada terceira via jamais teve uma chance. O primeiro turno foi apenas o mais longo segundo turno da história.

Há sete características que marcaram a eleição de 2022, como veremos a seguir.

A eleição que sucedeu o realinhamento

O cientista político norte-americano Valdimer Orlando Key, em seu seminal artigo "A Theory of Critical Elections", propôs que certos pleitos poderiam ser caracterizados como "eleições críticas" ou de realinhamento.[105] O realinhamento ocorreria em uma eleição quando blocos do eleitorado se descolam entre os partidos Democrata e Republicano, de modo a alterar a balança de poder em relação aos pleitos anteriores e produzindo clivagens mais duradouras que estruturariam as eleições seguintes. Esse movimento de partes importantes do eleitorado seria pautado por mudanças nas percepções da opinião pública, especialmente em momentos de crise econômica e social, além de guerras.

No Brasil, o cientista e ex-porta-voz de Lula André Singer adotou uma lógica similar ao interpretar as mudanças nas votações de Lula entre 2002 e 2006. Segundo ele, o realinhamento se daria quando "certas conversões de blocos de eleitores são capazes de determinar uma agenda de longo prazo".[106] Foi o caso de 2006.

---

[105] Key (1955).

[106] Singer (2012).

Enquanto em 2002 Lula derrotou José Serra (PSDB), obtendo votação dispersa entre os diferentes segmentos do eleitorado e regiões do país, sua vitória diante de Geraldo Alckmin em 2006 veio por meio de votações mais expressivas entre eleitores de baixa renda e moradores da região Nordeste, em comparação aos demais segmentos. Enquanto o desempenho econômico e os programas sociais favorecem a votação pelo eleitorado mais pobre, os escândalos de corrupção como o Mensalão teriam afastado o eleitorado de renda mais alta.

Há consenso entre analistas do processo eleitorado brasileiro sobre o fato de que a distribuição dos votos entre o candidato do PT (Lula ou Dilma Rousseff) e seu principal adversário do PSDB, tal como estabelecida em 2006, se manteve relativamente estável até a eleição de 2014. Até que veio outro realinhamento, em 2018.

Não se pode dizer que a eleição de 2018 tenha simplesmente reproduzido os alinhamentos preexistentes, herdados de 2006. Fatores como a crise econômica, a Operação Lava Jato e o impeachment de Dilma Rousseff produziram mudanças drásticas na opinião pública. Ainda que PT e PSDB — os partidos que antagonizaram as eleições presidenciais desde 1994 — se oferecessem como opções uma vez mais, o eleitorado tinha outras ideias em mente. A combinação entre as preocupações econômicas e a insatisfação generalizada com a classe política fez com que parte dos brasileiros identificasse em Jair Bolsonaro (então no PSL) a candidatura mais adequada para competir com o PT. Foi por meio de tal processo que "o Brasil dobrou à direita", expressão cara ao título do livro de Jairo Nicolau, que descreve vastamente tal movimento.[107] O pleito de 2018 mostrou um movimento de parte

[107] Nicolau (2020).

significativa da classe média em direção a Bolsonaro, com a adesão massiva dos evangélicos. A divisão entre homens e mulheres também se acentuou, com os primeiros mais alinhados a Bolsonaro. Como consequência, enquanto o PT sofreu uma queda de 51,6% para 45% dos votos no segundo turno entre 2014 e 2018, Bolsonaro galgou ampliar uma base eleitoral de oposição, que foi de 48,4% para Aécio Neves a 55% para o candidato do PSL. O realinhamento foi considerável.

Assim, a primeira marca importante a salientar a respeito da eleição de 2022 é que ela foi precedida por um realinhamento histórico no eleitorado brasileiro, ocorrido em 2018. Causado tanto por mudanças estruturais, como o aumento do segmento evangélico, quanto por fatores conjunturais na sociedade brasileira e pelas crises política e econômica, o realinhamento se consolidou na opinião pública durante o governo Bolsonaro, no qual o mandatário utilizou de amplo aparato de propaganda para manter a base eleitoral mais fiel, que o ajudou a conquistar a presidência.

A força de tal realinhamento aparece na estabilidade da polarização nas intenções de voto que se observou ao longo dos meses que antecederam o pleito de 2022. Mesmo com várias crises, Bolsonaro foi capaz de manter boa parte da base eleitoral que arregimentou em 2018. Ao mesmo tempo, Lula manteve os grupos da base eleitoral petista e buscou recuperar parte do eleitorado que havia abandonado o PT no ciclo anterior. Nesse sentido, 2022 foi a primeira eleição dentro do novo realinhamento do eleitorado brasileiro estabelecido em 2018. O realinhamento de 2018 resultou em um jogo de xadrez de abertura fechada, no qual não há espaço para ataques abertos. Vencer um jogo como esse é uma disputa de posicionamento.

A eleição mais apertada

O novo alinhamento do eleitorado brasileiro estabelecido em 2018 fez com que a primeira eleição desse novo ciclo fosse a mais acirrada desde 1989. Se computarmos a diferença percentual de votos entre o primeiro e o segundo colocados nas eleições presidenciais até aqui (conforme gráfico a seguir), encontramos três eleições competitivas: os segundos turnos de 1989, 2014 e 2022. As demais foram definidas, ou no primeiro ou no segundo turno, com vantagens superiores a 10%.

DIFERENÇA PERCENTUAL ENTRE O PRIMEIRO E O SEGUNDO COLOCADO NAS ELEIÇÕES PRESIDENCIAIS (1989-2022)[108]

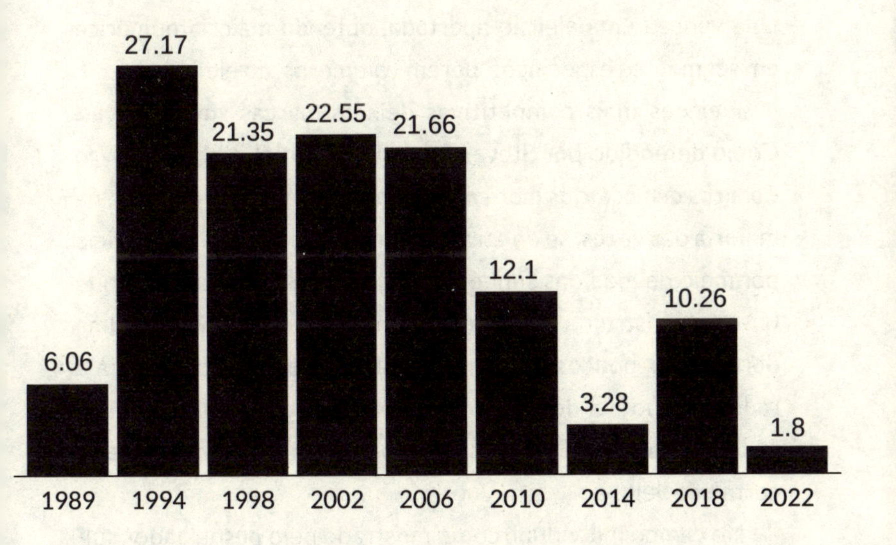

Fonte: Elaboração própria a partir dos dados do TSE.

---

108 As eleições de 1994 e 1998 foram definidas no primeiro turno, as demais trazem a comparação do segundo turno.

Outros indicadores reforçam a natureza do acirramento em 2022. O primeiro turno da disputa entre Lula e Bolsonaro também foi o mais bipolar desde 1989. Os dois principais candidatos à presidência acumularam juntos 92% dos votos válidos no primeiro turno, um número próximo a um único precedente: quando, na eleição de 2006, Lula e Alckmin somaram juntos 91%. Além disso, se computarmos o número de estados em que o candidato do PT foi vencedor nas últimas eleições, veremos que 2022 foi a primeira eleição em que o partido venceu em apenas uma região, o Nordeste. Similarmente, Lula obteve a maioria dos votos apenas no grupo de eleitores que recebiam menos de dois salários mínimos, mas conseguiu vencer em virtude do volume de tal segmento no total do eleitoral brasileiro. Ou seja, Lula venceu uma eleição apertada, obtendo maioria numérica em segmentos específicos, porém volumosos, do eleitorado.

Eleições mais competitivas deixam marcas significativas. Como defendido por Steven Levitsky e Daniel Ziblatt no livro *Como as democracias morrem*,[109] a subversão da democracia, na maioria das vezes, se dá através de medidas graduais e se inicia por meio de medidas simbólicas e discursos polarizadores que buscam construir a ideia de ilegitimidade dos opositores. Uma derrota por poucos votos num ambiente polarizado amplia a radicalização e a desconfiança sobre o sistema político, mesmo que seja apenas para justificar por que a vitória que parecia certa não veio.

No campo individual, como mostrado pelo pesquisador sul-coreano Byungkyu Lee,[110] eleições acirradas tendem a produ-

---

[109] Levitsky e Ziblatt (2018).
[110] Lee (2021).

zir contextos de isolamento, em que as pessoas ficam menos propensas a ouvir o outro lado, reforçando suas bolhas de convivência e seus vieses de confirmação. Nesse contexto de isolamento, ter um candidato com chances de vencer gera uma sensação de pertencimento no grupo, uma identidade que não pode ser ignorada ou abandonada facilmente. A consequência direta disso é um aumento de preconceito, discriminação e violência contra o adversário. Quando não conhecemos quem pensa diferente, ele se torna estranho, oposto. É uma circunstância na qual líderes populistas transformam o contrário em um "outro", alguém que não só representa uma ameaça a seus valores e visões de mundo, como, no limite, põe em risco sua própria sobrevivência.[111]

A eleição presidencial de 2022 ressaltou vários medos e inseguranças presentes na sociedade brasileira. Ao contrário dos pleitos anteriores, o resultado não foi decidido por temores sobre a capacidade do candidato *X* em tocar bem a economia, controlar a inflação ou gerar empregos. Foram os medos de que o eleito em outubro de 2022 mudaria a legislação sobre o aborto, fecharia igrejas, destruiria a floresta amazônica, interviria no Supremo Tribunal Federal, censuraria as redes sociais ou restringiria os direitos de minorias que ressaltaram o caráter de tudo-ou-nada da eleição. Muitos eleitores de 2022 votaram como se sua sobrevivência estivesse sob ameaça. Em maio daquele ano, por exemplo, 50% dos entrevistados da Genial/Quaest disseram que a posição do candidato sobre a legalização do aborto influenciaria a decisão do voto.

---

[111] Laclau (2005).

A derrota da reeleição

Desde que a possibilidade de um segundo mandato consecutivo foi criada, em 1997, Bolsonaro foi o único presidente da República que não conseguiu se reeleger. Os três presidentes que se candidataram a um segundo mandato antes dele foram reeleitos: Fernando Henrique Cardoso em 1998, Lula em 2006 e Dilma Rousseff em 2014. O poder da máquina é tamanho que, desde as eleições de 1998, 115 governadores foram candidatos à reeleição. Desses, 86 foram reeleitos. Ou seja, de cada 4 governadores que tentaram reeleição, 3 foram reeleitos.[112, 113]

Apesar de, em 2018, ter sido eleito sem o emprego da máquina de governo, sem estrutura partidária nem tempo de TV, a estratégia de Bolsonaro para a reeleição foi completamente outra. Contratou marqueteiro e pesquisa para testar sua campanha e, durante os três meses de campanha, usou os recursos do Estado, o partido e seu espaço de TV para reconstruir no imaginário popular o candidato antissistema de 2018. Sempre atrás nas pesquisas, o governo Bolsonaro:

1) antecipou o pagamento do 13º salário a aposentados e pensionistas do INSS;
2) autorizou que trabalhadores sacassem até R$ 1.000,00 de suas contas no FGTS;
3) reajustou o Auxílio Brasil (novo nome do Bolsa Família e substituto do Auxílio Emergencial) de R$ 400,00 para R$ 600,00 (com antecipação do pagamento da parcela na véspera da eleição no mês de outubro);

---

112 Oliva e Shores (2022).
113 Magalhães (2022).

4) liberou empréstimos consignados de até R$ 2.569,00 para beneficiários do Auxílio Brasil;
5) aumentou o Auxílio Gás de R$ 50,00 para R$ 110,00;
6) distribuiu auxílio mensal para taxistas e caminhoneiros no valor de R$ 1.000,00;
7) cortou impostos estaduais e federais sobre combustíveis, barateando a gasolina e o diesel e reduzindo a inflação.

Mas por que o presidente apostou tanto na força da máquina? A relação entre o bem-estar econômico e o sucesso eleitoral é uma das raras unanimidades da ciência política. Pela chamada teoria do voto econômico, profundamente estudada por vários autores, como os norte-americanos Michael Lewis-Beck e Mary Stegmaier,[114] os eleitores avaliam se um presidente deve ou não continuar no cargo a partir das perspectivas para a economia. Se o governo gerou prosperidade, são enormes as chances de ser recompensado nas urnas. A recessão é punida sem dó, com raras exceções.

Ao longo de quase toda a série de pesquisas Genial/Quaest, iniciada em julho de 2021, a economia foi considerada o maior problema do Brasil, superando a covid-19. Em setembro daquele ano, por exemplo, quando a covid-19 acumulava 596 mil mortos, 41% dos entrevistados citavam a economia como sua maior preocupação. Dois meses depois, quando o Auxílio Emergencial de 600 reais estava prestes a terminar, esse índice chegou a 48%. As ações do governo Bolsonaro ao retomar o auxílio e cortar os impostos dos combustíveis deram resultado. Entre julho de 2022 e a véspera do segundo turno, as citações da economia como maior problema caíram de 44% para 33%.

---

[114] Lewis-Beck e Stegmaier (2000).

As bondades eleitorais mudaram a imagem de Bolsonaro. Conforme demonstra o gráfico a seguir, em apenas um ano o governo conseguiu fazer com que:

(i) a percepção sobre a melhora da economia passasse de 13% para 29%;

(ii) a avaliação ruim ou péssima do governo caísse de 47% para 38%;

(iii)a intenção de voto em Bolsonaro variasse de 20% para 34%.

PERCEPÇÃO DE MELHORA SOBRE AS CONDIÇÕES ECONÔMICAS DO BRASIL, AVALIAÇÃO NEGATIVA DO GOVERNO E INTENÇÃO DE VOTO EM BOLSONARO

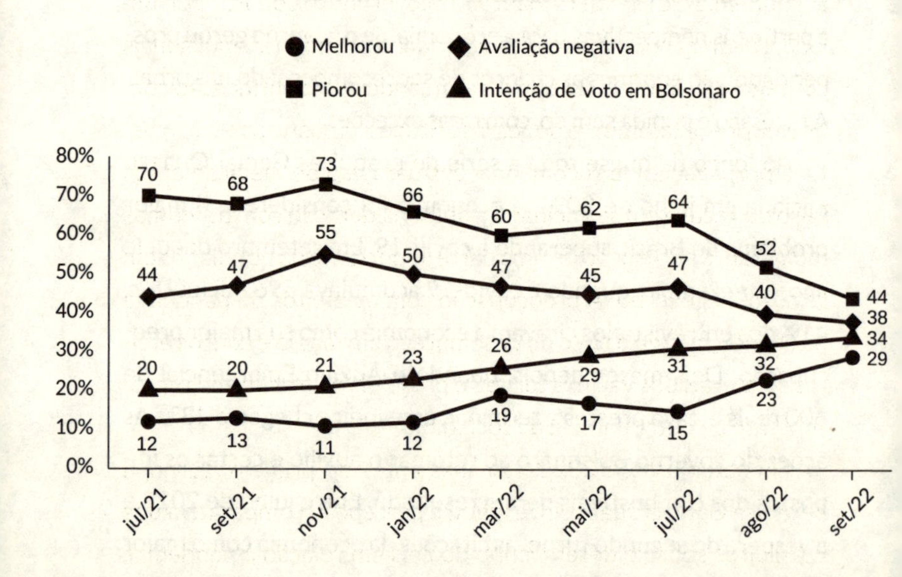

Bolsonaro não conseguiu virar a disputa eleitoral despejando dinheiro na economia, mas a melhora consistente dos seus índices evidencia a importância do bolso na decisão do eleitor. Se Bolsonaro chegou à maior votação da história para um segundo colocado, muito se deve ao poder e à força da avaliação e da percepção sobre a melhora econômica de curto prazo. Cabe especular se, caso Bolsonaro tivesse demonstrado um comprometimento mais consistente com a distribuição de renda ao longo de seu mandato, e com um pouco mais de tempo para distribuir benefícios aliados à propaganda durante a campanha, poderia ter convertido os benefícios distribuídos na votação necessária para se manter na presidência.

A eleição depois da pandemia

A pandemia de covid-19 pautou o governo Bolsonaro. Por um lado, solidificando uma rejeição da qual o presidente nunca mais conseguiu se livrar e, do outro, reforçando sua identificação com os eleitores exatamente por essas atitudes. A postura negacionista, a propagação de recomendações para uso de medicamentos falsos, a recusa em se vacinar e a desconsideração com as vítimas moldaram a percepção de uma parte importante da população em relação ao governo. A preocupação com os efeitos da pandemia na economia, com o risco do desemprego em massa e com os efeitos colaterais das vacinas tornou o presidente um legítimo representante de outra parcela da sociedade.

Em setembro de 2022, semanas antes do primeiro turno, a pesquisa Genial/Quaest investigou a percepção comparativa dos brasileiros sobre o desempenho do país em relação à pandemia. A maior parte dos respondentes (47%) achava que o Brasil tinha se saído pior que outros países do mundo, enquanto apenas 35% defendiam a tese de que o país tinha se saído melhor.

O presidente Bolsonaro conseguiu manter durante os dois primeiros anos de seu mandato um percentual de avaliação ótima e boa próximo dos 30%, o que fez com que analistas políticos tivessem cogitado a possibilidade de que a base raiz de Bolsonaro fosse mesmo próxima de um terço da população. Foi a pandemia de covid-19 que desestruturou esse argumento. Em seis meses, a avaliação positiva do presidente caiu de 32%, em fevereiro de 2020, para 24%, em junho de 2020, o menor índice de avaliação positiva até então registrado pelas pesquisas feitas pela Quaest entre 2019 e 2020.

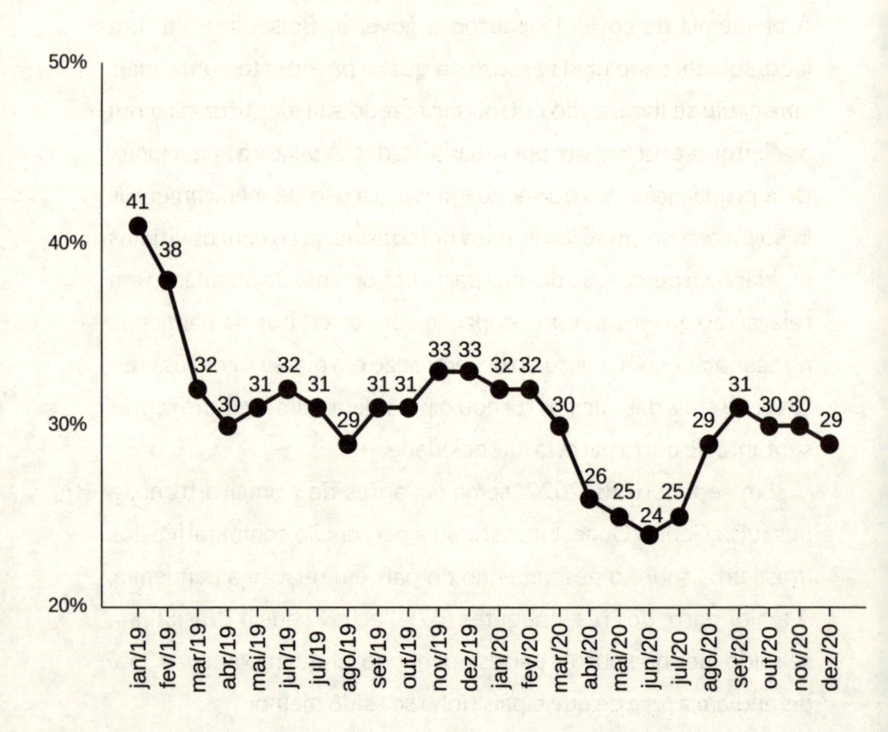

O pagamento do Auxílio Emergencial melhorou a situação do governo, que conseguiu voltar ao patamar dos 30% no fim de 2020, mas nunca mais a imagem de Bolsonaro voltou ao estágio pré-covid-19. Embora as pesquisas realizadas no fim de 2020 tenham mostrado que a população isentou o então presidente como o principal culpado das mortes pela covid-19,[115] a avaliação do trabalho de Bolsonaro no combate à pandemia foi muito negativa, inclusive entre seus eleitores.[116] Em setembro de 2021, o Brasil contabilizava 596 mil mortes por covid-19, e o assunto dominava os meios de comunicação do mundo todo.[117] Naquele momento, segundo a Genial/Quaest, dois de cada três brasileiros se diziam "muito preocupados" com o vírus, e apenas 7% se declaravam "nada preocupados".

Essa preocupação permanente acabou sendo decisiva. Boa parte dos eleitores de Bolsonaro seguia o líder e se mostrava menos preocupada com a disseminação crescente por coronavírus, bem como pelo aumento nos casos de hospitalizações e mortes. O restante da população, maioria naquele momento, via as manifestações do presidente como negativas, e a preocupação se mantinha alta.

---

115 Datafolha: 52% acreditam... (2020).
116 Lopes (2021).
117 Setembro termina... (2021).

INTENÇÃO DE VOTO PARA PRESIDENTE, CONFORME O NÍVEL DE PREOCUPAÇÃO COM A COVID-19

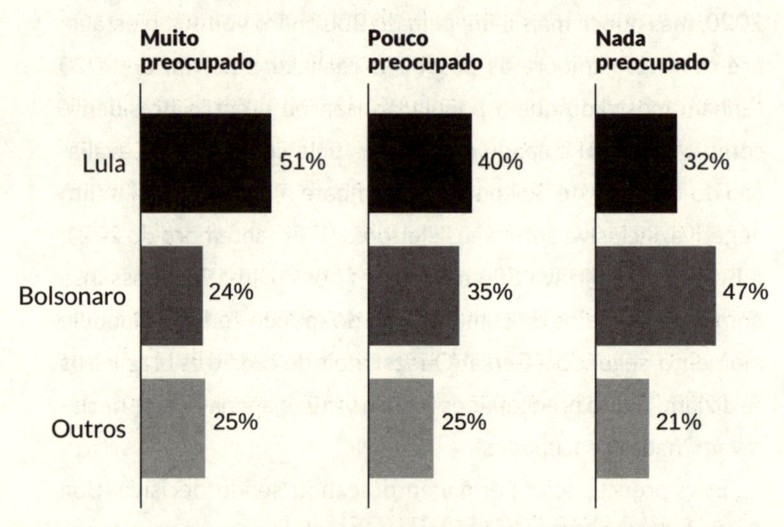

Outros = Todos os outros candidatos + Indecisos + Branco/Nulo/Não vai votar

A insistência de Bolsonaro em contrabalançar as medidas sanitárias com os riscos para a economia foi apoiada pelos seus eleitores, que ao longo do tempo se mostraram sempre menos preocupados com o vírus do que a média da população.[118] Ao mesmo tempo que reforçou o laço que o unia aos seus militantes, no entanto, Bolsonaro criou um fosso com os demais. Esse fosso foi um dos pontos decisivos para sua derrota.

Em março de 2022, pesquisa Genial/Quaest mostrou que 76% dos eleitores concordaram que o Brasil teria tido condições de se sair melhor na pandemia se Bolsonaro não tivesse feito campanha contra a vacina. Para 63%, Bolsonaro estava errado ao minimizar a força da pandemia.

---

118 Pereira e Nunes (2021).

Bolsonaro não foi o único governante no mundo a assumir essa postura negacionista, e pagou tão caro quanto outros líderes. O primeiro-ministro britânico Boris Johnson perdeu o cargo depois que se descobriu que ele descumpriu normas de isolamento e promoveu festas em seu gabinete. O norte-americano Donald Trump perdeu a reeleição, em parte, em função das políticas adotadas diante da covid-19. Bolsonaro e as outras figuras poderiam ter aproveitado o momento para unir o país em torno da vacinação, como ironicamente fez o último general presidente do regime militar, João Figueiredo, que implementou os dias nacionais de vacinação, com foco especialmente na poliomielite.[119] Diante da covid-19, Bolsonaro optou pela divisão, e pagou por isso.

A virada nas metrópoles

Lula venceu a disputa eleitoral de 2022 porque ampliou a votação histórica do PT em quatro das maiores metrópoles: São Paulo, Rio de Janeiro, Salvador e Belo Horizonte. Foi o eleitor urbano, em sua maioria composto por mulheres, com renda de até dois salários mínimos, que devolveu o Planalto a Lula — esta ideia será detalhada no Capítulo 4.

Desde 2006, o mapa eleitoral brasileiro é constante. O candidato do PT, não importa qual seja, vence com relativa folga nos estados do Nordeste. O antipetista ganha nas regiões Sul, Centro-Oeste e no estado de São Paulo. A disputa termina sendo definida em Minas Gerais, no Rio de Janeiro e na capital paulista.

Isso fica evidenciado quando se analisam os resultados da variação da votação no PT nos estados, comparando o voto presidencial

---

[119] Campos *et al.* (2003).

em pares de eleições adjacentes: 1998 e 2002, 2002 e 2006, 2006 e 2010, 2010 e 2014, 2014 e 2018, 2018 e 2022. Em todos os casos, há uma forte relação entre o modo como um estado vota em uma eleição e o modo como vota em outra.

A figura a seguir mostra a mudança do percentual de votação do candidato petista em cada estado nas eleições presidenciais desde 1998. Observe que cada gráfico traz um comparativo por estado da votação de uma eleição para a outra. Se o candidato do PT teve, em determinado estado, uma votação igual (ou semelhante) à que teve na eleição anterior, a sigla desse estado estará posicionada na diagonal que corta cada gráfico. Se na eleição seguinte teve mais votos que na eleição anterior, ele estará acima da linha diagonal. E, se teve menos votos que na eleição anterior, estará abaixo. Assim, quanto mais "espalhados" os estados aparecem, maior variação há nos resultados entre as duas eleições analisadas. Por outro lado, quanto mais próximos os estados aparecem da diagonal, maior é a estabilidade ou a correlação entre as eleições.

CORRELAÇÃO DA VOTAÇÃO DO PT EM ELEIÇÕES PRESIDENCIAIS ENTRE PLEITOS NO NÍVEL ESTADUAL (1998 - 2022)

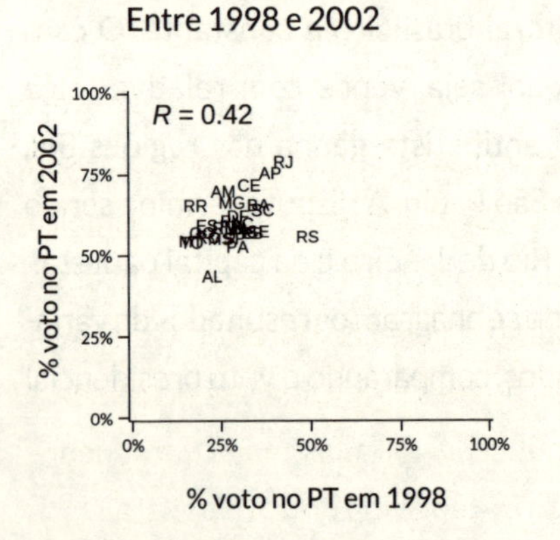

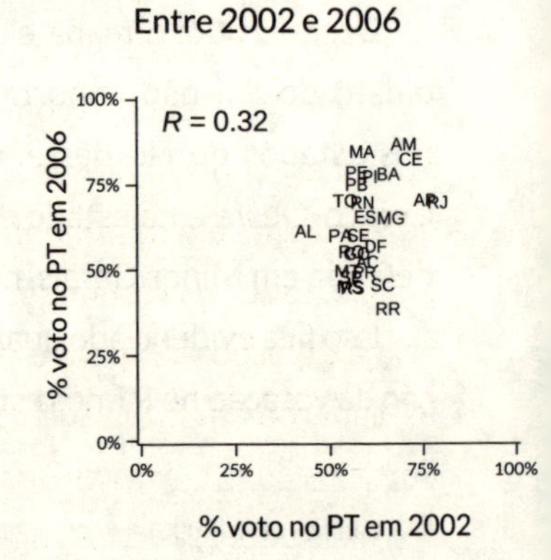

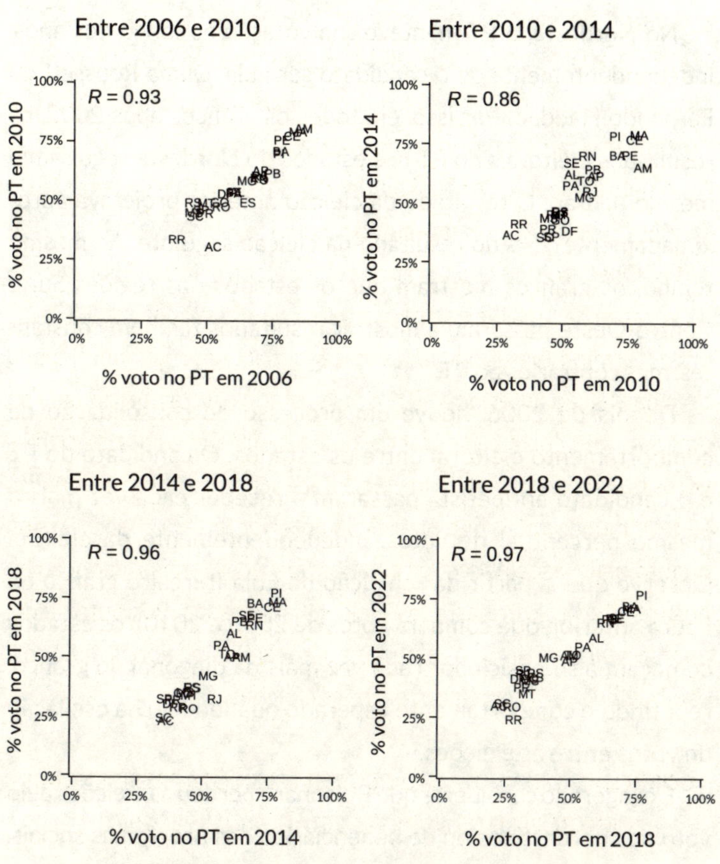

Fonte: Elaboração própria a partir dos microdados do TSE.

Entre 1998 e 2002, com a crise econômica do segundo governo de Fernando Henrique Cardoso, o PT conseguiu melhorar seu desempenho em detrimento do PSDB. Observe que, no primeiro gráfico, todos os resultados eleitorais do PT nos estados ficaram acima do esperado para o padrão da eleição anterior. Ou seja, o PT superou em 2002 sua votação de 1998. Uma vez no poder, a partir de 2003, as políticas públicas voltadas majoritariamente aos mais pobres reconfiguraram a geografia do voto petista.

No Nordeste, o PT manteve sua votação ao longo dos anos, independentemente de o candidato ser Lula, Dilma Rousseff ou Fernando Haddad. Por isso, em todos os gráficos após 2002, os resultados eleitorais do PT nos estados do Nordeste seguiram o mesmo padrão. O resultado da eleição anterior projetava aproximadamente 95% do resultado na eleição seguinte. Ao mesmo tempo, os gráficos mostram que os estados das regiões Sul e Centro-Oeste passaram a mostrar resultados também constantes, mas contrários ao PT.

Depois de 2006, houve um processo de consolidação de comportamento eleitoral entre os estados. O candidato do PT e o candidato antipetista passaram a receber cada vez mais o mesmo percentual de votos, independentemente da eleição. Observe que, a partir da reeleição de Lula (terceiro gráfico da figura anterior, que compara votos de 2006 e 2010), os estados começam a se posicionar cada vez mais na diagonal do gráfico, repetindo o comportamento esperado quando não há oscilação de votos entre as eleições.

É exagerado considerar que Bolsonaro perdeu as eleições pelo voto dos nordestinos ou de beneficiários dos programas sociais, já que o então presidente conseguiu manter no Nordeste o índice de votos de 2018, mesmo com o candidato não sendo Haddad, mas Lula. Em 2018, Bolsonaro teve 30,3% dos votos válidos do Nordeste. Em 2022, 30,7%. Portanto, não veio do Nordeste a variação que justifica a derrota de Bolsonaro. Ele perdeu porque sua votação caiu no Sudeste, onde a variação foi significativa, 11,1 pontos percentuais (Tabela 1).

PERCENTUAL DE VOTOS VÁLIDOS NO SEGUNDO TURNO DA ELEIÇÃO PRESIDENCIAL DE 2018 E 2022 POR REGIÃO E POR CANDIDATO/PARTIDO

Região	PT		Dif	Bolsonaro		Dif
	2018	2022		2018	2022	
Sudeste	34,6	45,7	11,1	65,4	54,3	-11,1
Sul	31,7	38,2	6,5	68,3	61,8	-6,5
Centro-Oeste	33,5	38,2	4,7	66,5	61,8	-4,7
Norte	48,1	49,0	0,9	51,9	51,0	-0,9
Nordeste	69,7	69,3	-0,4	30,3	30,7	0,4

Fonte: Elaboração própria a partir dos dados do TSE.

Com esse quadro engessado, o Sudeste passou a ser o campo de batalha decisivo. Quando o candidato petista diminuiu sua votação em São Paulo, Minas Gerais e Rio de Janeiro em relação à eleição anterior, ele perdeu. Nos anos em que o partido superou no Sudeste a votação obtida na eleição anterior, o candidato petista garantiu a vitória. Em 2022, Lula venceu porque teve mais votos do que Haddad obtivera, em 2018, nos três maiores colégios eleitorais.

Se em 2018, como mostrado por Jairo Nicolau,[120] o PT havia ficado circunscrito a pequenas e médias cidades, em 2022 houve uma mudança no padrão de votação nas metrópoles Salvador, São Paulo, Rio de Janeiro e Belo Horizonte. A diferença total de votos

120 Nicolau (2020).

nessas capitais somadas dá 1,57 milhão de votos a menos para Bolsonaro e a mais para o PT em relação a 2018. A diferença nessas quatro cidades foi decisiva, uma vez que Lula venceu o pleito eleitoral com uma vantagem de 2,13 milhões de votos no segundo turno.

DIFERENÇA DA VOTAÇÃO NOMINAL EM BOLSONARO NAS ELEIÇÕES PRESIDENCIAIS DE 2018 E 2022 NAS SEIS MAIORES CAPITAIS DO PAÍS

	BOLSO 2018	BOLSO 2022	Dif
Salvador	985.532,00	367.452,00	-618.080,00
São Paulo	3.694.834,00	3.91.484,00	-503.350,00
Rio de Janeiro	2.179.896,00	1.929.209,00	-250.687,00
Belo Horizonte	901.513,00	699.105,00	-202.408,00
Brasília	1.080.411,00	1.041.331,00	-39.080,00
Fortaleza	590.033,00	633.009,00	42.976,00

Fonte: Elaboração própria a partir dos dados do TSE.

O voto de mulheres e negros

Além do crescimento da polarização, a eleição de 2022 reproduz no Brasil um processo que os analistas da política norte-americana chamam de *partisan sorting* (ordenamento partidário).[121] Em tal

[121] Mason (2015).

processo, grupos com identidades e opiniões distintas se movem entre os partidos, buscando maior congruência entre suas orientações e seu voto. Assim, muitas vezes as bases eleitorais de dois partidos se distanciam no apoio a um tema (por exemplo, a imigração), não porque a opinião das pessoas tenha mudado a respeito do assunto, mas porque aquelas desfavoráveis a esse apoio, que antes aceitavam que seu partido tivesse opiniões diferentes das delas, resolveram mudar de partido.

A eleição de 2022 se caracteriza pelo aprofundamento de um processo de segmentação no eleitorado brasileiro. Enquanto em 2018 observou-se o alinhamento crescente de grupos religiosos pró-Bolsonaro e de menor renda pró-PT, o pleito em 2022 apontou o movimento de outros grupos com importância capital: mulheres e pretos.

Lula venceu entre as mulheres por uma diferença de mais de 10 pontos percentuais (49 a 38) e entre os eleitores autoidentificados como pretos por quase 30 pontos (58 a 31), margens de vitória maiores do que o PT havia registrado em eleições anteriores.

No caso brasileiro, essa tendência de ordenamento de grupos sociais entre os partidos segue padrões semelhantes aos já observados nos Estados Unidos. Lá, o partido Democrata tende a receber maior apoio entre mulheres, sendo que tal apoio aumenta em contextos em que o estado de bem-estar social é ameaçado e durante crises econômicas que elevam a vulnerabilidade das famílias.[122] No caso brasileiro, o comportamento e o desempenho de Bolsonaro durante a pandemia e a crise econômica sugerem que o alinhamento das mulheres no partido de esquerda seguiria uma lógica similar aos padrões observados no Estados Unidos.

---

122 Box-Steffensmeier *et al.* (2004).

Do mesmo modo, a vitória avassaladora de Lula entre os pretos indica uma reprodução no Brasil do alinhamento histórico dos eleitores afro-americanos com o Partido Democrata nos Estados Unidos.[123] Esse movimento parece estar ocorrendo no Brasil como resultado das várias políticas públicas afirmativas dos primeiros mandatos de Lula, como as cotas para o ingresso nas universidades, e da oposição sistemática dos bolsonaristas ao que consideram "privilégios" que incentivariam a divisão racial no país.[124]

A eleição da intimidação

Durante toda a campanha de 2022, houve debate sobre as pesquisas eleitorais. O entendimento produzido no final do primeiro turno entre parlamentares da base governista de que os institutos de pesquisa erraram nos seus levantamentos levou a Câmara dos Deputados e o Senado a sugerirem a abertura de uma CPI contra os institutos. Até um inquérito policial foi proposto. Segundo os parlamentares, era necessário investigar se as pesquisas teriam sido manipuladas para favorecer candidatos.

Todavia, as conclusões que geraram tal entendimento estão erradas. Os institutos de pesquisa no Brasil não fazem sondagens com o intuito de predizer o resultado numérico da eleição. Eles produzem estimativas da intenção de voto dos eleitores no momento em que as entrevistas são realizadas. Revelam, portanto, *intenções* — que podem ou não ser executadas de fato, já que o comportamento do eleitor é determinado por uma série de fatores

---

123 Westwood e Peterson (2022).

124 Soares (2021).

que demandam instrumentos de avaliação para além da simples intenção de ir votar e do voto em si (que são as informações capturadas pelos institutos).

Ao contrário do que afirmavam os críticos, os institutos foram capazes de descrever corretamente os movimentos eleitorais, mostrando que:

1) Lula venceria Bolsonaro;
2) Lula poderia vencer no primeiro turno, embora não fosse provável;
3) a eleição ficou mais apertada conforme se aproximava a data da votação;
4) os gastos do governo ajudaram Bolsonaro a crescer no eleitorado mais pobre;
5) os eleitores negros, as mulheres e os nordestinos votaram mais em Lula que em Bolsonaro, enquanto os eleitores homens, brancos, das regiões Sul e Centro-Oeste, em sua maioria, escolheram Bolsonaro.

Evidentemente, só foi possível elaborar tais descrições graças ao trabalho desenvolvido pelas pesquisas. Inclusive, naquele ano, as estimativas dos institutos descreveram corretamente o comportamento do eleitor de Bolsonaro; segundo o TSE, o então presidente obteve apoio de 33% do total dos aptos a votar (não se trata dos votos válidos, mas dos votos totais). Os principais institutos do país foram capazes de estimar esse resultado. A Quaest, por exemplo, estimou que Bolsonaro teria 34% dos votos totais. O MDA estimou 36%, o Ipespe, 33%, o Datafolha, 34%, e o IPEC, 34%.

Por outro lado, o que não foi corretamente descrito foi o percentual exato de votos que Lula teria. Todos os institutos de pesquisa, sem exceção, estimaram que Lula teria pelo menos 7 pontos percentuais a mais do que ele realmente obteve (37%). Essa diferença a menos para Lula foi produzida pela abstenção desproporcional observada no eleitorado de baixa renda, residente em regiões como o norte de Minas, o interior da Bahia e do Maranhão. O eleitor de baixa renda dessas regiões que dizia ter intenção de votar em Lula não compareceu, produzindo um efeito de superestimação do voto no candidato do PT em 2022.

Para corrigir esse efeito da abstenção observada no primeiro turno, a Quaest adotou nas pesquisas de segundo turno um modelo chamado *likely voter* (eleitor provável), com o objetivo de ponderar as intenções de voto pela chance real de comparecimento, dado o perfil de cada eleitor. Esse procedimento visa minimizar os efeitos que a abstenção não aleatória entre os subgrupos do eleitorado tem causado na capacidade de os institutos estimarem votos nas urnas. A quantidade de pessoas que diz que vai votar é muito maior do que as pessoas que realmente votam. Portanto, para se obter um subconjunto de entrevistados mais representativo de um provável eleitorado válido, não é suficiente perguntar às pessoas se elas vão votar e subtrair esse total da amostra de votos para se obter as estimativas precisas. Foi preciso criar um modelo que pondera o resultado pelas chances de cada indivíduo ir votar. O modelo Quaest de *likely voter* foi construído a partir de dados do comparecimento real no primeiro turno da eleição de 2022 e de pesquisas anteriores da Quaest. Combinamos dados sobre o interesse na eleição, comportamento eleitoral anterior e sua intenção de votar com estimativas de pós-estratificação usando estatísticas sintéticas de estratos conhecidos do eleitorado.

Os resultados são promissores. As estimativas de voto válido da Quaest no segundo turno, usando o modelo *likely voter*, foram capazes de predizer o resultado agregado da eleição e de cada região do país. Segundo a pesquisa Genial/Quaest do sábado anterior ao segundo turno da eleição de 2022, era impossível dizer quem venceria a eleição. Lula aparecia numericamente à frente de Bolsonaro, 51,4% a 48,6%, mas empatados na margem de erro da pesquisa (2 pontos percentuais). Essa pequena margem detectada pela Quaest foi exatamente a margem observada nas urnas.

Mas por que essa polêmica foi tão emblemática para a eleição? Porque ela está diretamente associada a uma marca importante de 2022. De um lado do espectro político, havia um eleitorado engajado, mobilizado e animado. Enquanto do outro lado havia medo. E essa diferença de envolvimento nas campanhas ajudou na disseminação da desconfiança sobre o trabalho dos institutos, já que Bolsonaro conseguiu mobilizar grandes contingentes de eleitores nas ruas, mas nunca aparecia na frente de Lula nas pesquisas. Ao dizer que as pesquisas supostamente verdadeiras eram as do "DataPovo", Bolsonaro contrabalançou os números ruins nas pesquisas com imagens grandiosas de carreatas e comícios.

No desejo de explicar o que estava acontecendo, ou seja, porque um lado do país acreditava nos resultados das pesquisas enquanto outro as questionava pela referência tão forte das imagens de mobilização de rua produzidas pela campanha Bolsonaro, a Quaest desenvolveu um desenho de pesquisa qualitativa para tentar explorar esse possível paradoxo a partir de uma metodologia inovadora. Em meados de agosto de 2022, o instituto organizou catorze grupos focais de pesquisa com eleitores de diferentes inclinações políticas para aprofundar a análise (grupos *on-line* mistos das cinco regiões do país, compostos por adultos — de trinta a cinquenta anos — das classes B/C e C/D). Para cada grupo, foram convidadas três pessoas que declararam (em formulário prévio) voto em Bolsonaro e três que declararam voto em Lula. Em cada grupo, também incluímos um ator que se passava por participante. O objetivo do experimento era entender a dinâmica do debate entre eleitores de campos opostos, o tipo de argumentos usados na defesa de seus candidatos e de ataque ao adversário e se havia eleitores preferindo esconder suas preferências eleitorais no debate público.

Os catorze grupos foram submetidos a dois tratamentos diferentes. Em sete deles, o moderador começava perguntando aos eleitores de Bolsonaro, em sequência, em qual candidato cada um votaria na eleição. Observou-se um padrão recorrente nesses grupos: os três eleitores de Bolsonaro prontamente indicavam sua preferência pelo candidato. Em seguida, o moderador pedia ao ator que indicasse sua preferência. E o ator se dizia indeciso, seguindo instruções dos pesquisadores. Ou seja, nesse momento formava-se a impressão, dentro desses grupos, de que os eleitores de Bolsonaro poderiam ser maioria na sala. Quando, em seguida, a mesma pergunta era feita aos três eleitores de Lula, observava-se a tendência de essas pessoas seguirem o ator e se mostrarem indecisas. O grupo começava, então, a discutir política, trocando impressões sobre a economia, a pandemia, o comportamento dos políticos etc. No meio da discussão, o ator (sempre instruído previamente pelos pesquisadores) revelava que na verdade tinha preferência por Lula.

O que se observou na maioria desses grupos foi a tendência de os eleitores de Bolsonaro tentarem convencer o ator a não votar em Lula, apresentando argumentos como "Lula é ladrão! Como você pode votar nele?", "Você é burro? O PT quebrou o Brasil e, se voltar, vai transformar isso aqui numa Venezuela", "O PT é corrupto. Não podemos deixar essa corja voltar ao poder". O ator se defendia, utilizando argumentos da campanha de Lula, tais como "O período de governo do PT foi a melhor época da minha vida", "Lula foi preso injustamente", "Esse Bolsonaro não dá mais" etc.

Duas dinâmicas passaram a chamar a atenção dos observadores dos grupos. Primeiro, que os eleitores que haviam declarado anteriormente voto em Lula não se manifestavam em defesa do participante-ator. Além disso, que os participantes que ainda não tinham declarado abertamente voto em Lula no grupo se mostravam incomodados com a discussão, olhavam o relógio, passavam o restante do debate mais calados e menos participativos.

Entre os grupos pesquisados, descobriu-se outro padrão relevante. Eram as mulheres e os mais pobres que tendiam a ter mais medo de declarar seus votos na interação social com eleitores adversários. Homens eleitores de Lula e os mais escolarizados tinham menos inibição em enfrentar os eleitores de Bolsonaro. Se esse achado tiver validade fora dos grupos, ele pode explicar por que as diferenças de opinião entre pobres e ricos, homens e mulheres, tendem a gerar silêncio dentro de casa e nas interações de trabalho.

Ao final dessa dinâmica, os participantes de cada grupo foram entrevistados separadamente e perguntados sobre suas intenções de voto em um formulário em um *tablet* em que eles próprios marcavam suas opções de voto. As preferências não mudaram: os três eleitores de Bolsonaro seguiam com o candidato, enquanto os três eleitores de Lula, mesmo os que não tinham se manifestado publicamente na frente do grupo, mantiveram o voto.

Nos outros sete grupos focais, o moderador iniciava perguntando sobre a preferência a cada um dos participantes que antes havia declarado voto em Lula. Em geral, quando o primeiro deles dizia sua preferência, a reação dos eleitores de Bolsonaro era a mesma dos grupos descritos anteriormente: eles expressavam de imediato sua discordância e procuravam dissuadir a pessoa de votar em Lula. Os demais eleitores de Lula do grupo não saíam em defesa do primeiro, preferindo o silêncio, quando a manifestação ocorria no início da conversa. Mais do que isso, tendiam a passar o restante do tempo no grupo sem manifestar suas opiniões sobre os assuntos discutidos. Era como se sentissem que o clima era contrário à livre expressão.

Nesses sete grupos, o ator foi instruído a não tomar partido. O que mais surpreendeu é que, também ali, independentemente da dinâmica das interações, todos os participantes manifestaram a mesma preferência de voto antes e depois do debate, como mostrou um formulário preenchido individualmente logo após o final da sessão. Nenhum participante mudou sua intenção de voto nos catorze grupos, sendo que os petistas apenas preferiram omitir publicamente sua preferência durante as conversas.

Esse experimento, acompanhado de outras pesquisas de campo, sugere que o voto em Bolsonaro era mais engajado, declarado, público. Era um apoio acompanhado de vontade de se expressar, de se orgulhar de sua escolha. Foi a eleição das grandes manifestações e motociatas da direita, eventos para produzir a famosa foto do "DataPovo", que indicaria a vitória de Bolsonaro pela quantidade de pessoas nas ruas.

Do outro lado, havia um eleitor reprimido. Na pesquisa de outubro de 2022, a Genial/Quaest perguntou se as pessoas iriam manifestar sua opção de voto publicamente naquela campanha. Apenas 20% estavam dispostos a tal manifestação. A pesquisa questionou, ainda, se emitir uma opinião política estava mais tranquilo ou mais perigoso do que em outros anos. Os resultados ajudam a entender por que o eleitor de Lula não se manifestava tanto, enquanto o de Bolsonaro se sentia tão à vontade. Dos entrevistados, 32% disseram que estava mais tranquilo emitir uma opinião política, sendo que 95% deles eram eleitores de Bolsonaro. Na outra ponta, 57% disseram que estava mais perigoso emitir uma opinião política, sendo que 81% destes eram eleitores de Lula.

"DAR OPINIÃO OU FALAR SOBRE O VOTO NESTE ANO DE 2022 ESTÁ...", CONFORME ELEITOR DE LULA E DE OUTROS CANDIDATOS

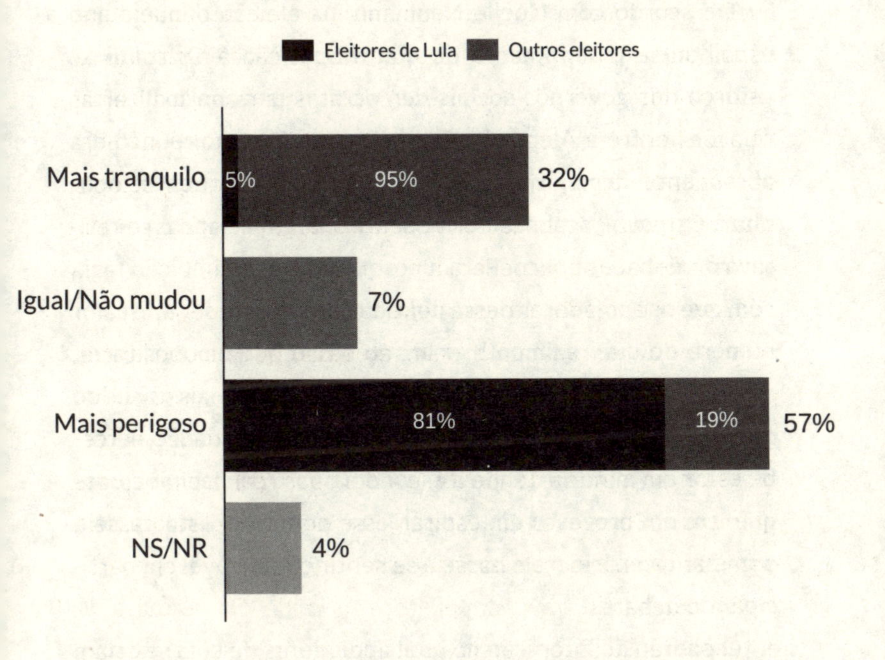

Esses resultados acompanham alguns estudos de psicologia política que mostram que, sob pressão social em assuntos de cunho moral ou socialmente indesejáveis, o comportamento mais comum e tido como mais esperado é o silêncio.

Na década de 1960, a cientista política alemã Elisabeth Noelle-Neumann[125] chamou um fenômeno parecido de "espiral do silêncio". Ao acompanhar as eleições de 1965 na Alemanha Ocidental, ela identificou uma mudança curiosa na percepção dos eleitores. As intenções de voto se mantiveram estáveis ao longo da série de pesquisas, com o Partido Social-Democrata e a União Democrata-Cristã se alternando na liderança. Contudo, nas últimas semanas antes da votação ela detectou uma mudança brusca nas respostas à pergunta: "Quem vai ganhar a eleição?".

De acordo com Noelle-Neumann, na eleição daquele ano espalhou-se o sentimento de que a oposição à *Ostpolitik* — esforço dos governos sociais-democratas para normalizar as relações entre a Alemanha Ocidental e a Oriental — não era abrangente ou majoritária no eleitorado. Assim, quem se opunha à *Ostpolitik* acabava por se sentir marginalizado e se retirava do debate público. Para a pesquisadora, tal inibição fazia com que os apoiadores dessa política parecessem ser em maior número do que realmente eram, ao passo que os opositores, menos eloquentes, davam a impressão de serem mais fracos do que de fato eram. Segundo a tese, quando um cidadão percebe estar em minoria, tende a esconder suas reais opiniões, até que, em um processo em espiral, esse ponto de vista passe a dominar o cenário e ele passe a se sentir confortável em participar do debate.

O padrão de interação no qual apoiadores de Lula se calam diante de eleitores de Bolsonaro apresenta características que corroboram a tese de Noelle-Neumann. O enquadramento mo-

---

[125] Noelle-Neumann (1993).

ralista adotado por estes últimos ao falarem de Lula, com ênfase sobretudo no tema da corrupção, incentivaria apoiadores do PT à autocensura. Além disso, a retórica por vezes agressiva de bolsonaristas nas redes sociais em um ambiente com episódios de violência política contribuiu para o sentimento de intimidação por parte de lulistas. Curiosamente, muitos eleitores de Bolsonaro disseram ter sofrido o mesmo tipo de repressão nos anos em que o PSDB era a única opção viável ao PT, e que somente a partir de 2018 puderam dizer o que "realmente pensavam".

Como Lula venceu?

Com uma margem tão estreita — 2,1 milhões de um total de 118,5 milhões de votos válidos —, a vitória de Lula foi nos detalhes. Mas há um aspecto que foi essencial: Bolsonaro. Lula venceu porque havia um sentimento solidificado em parte da sociedade de que (a) Bolsonaro não merecia se manter na presidência da República e que (b) havia uma sensação de medo sobre o que poderia ocorrer depois da reeleição.

Ao longo da campanha, os eleitores foram indagados sobre seu maior medo: a continuidade de Bolsonaro ou a possibilidade da volta do PT ao poder. O medo de que Bolsonaro se reelegesse foi sempre superior ao da volta de Lula e do PT ao poder. Em junho de 2022, 52% dos entrevistados tinham medo de que Bolsonaro continuasse e 35% tinham medo da volta de Lula. O restante não sabia opinar.

Ao longo da campanha, esses sentimentos foram sendo mais bem definidos, e aquilo que era implícito foi ficando latente. Foi um processo. Quanto mais o tempo passava, quanto mais a campanha avançava, mais o medo se espalhava. Na véspera do segundo turno, o resultado dava empate técnico na margem de erro: Bolsonaro dava medo em 45% dos entrevistados e Lula, em 42%.

DO QUE VOCÊ TEM MAIS MEDO HOJE: CONTINUIDADE DO BOLSONARO OU RETORNO DO LULA?

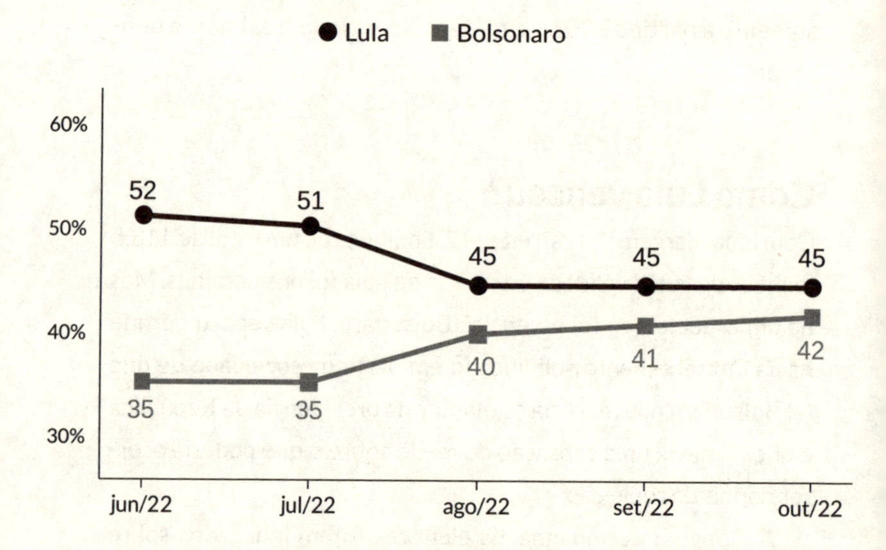

Na eleição disputada por dois homens que já haviam ocupado a cadeira de presidente, medir quanto o candidato merece outra oportunidade é uma estratégia para compreender se os eleitores, mesmo avaliando bem/mal uma pessoa, seriam capazes de lhe conceder uma nova chance. Os psicólogos políticos dizem que merecer mais uma chance é salvo-conduto para quem não é perfeito, mas tem mais vantagens que desvantagens.

No começo de 2022, Bolsonaro só era merecedor de uma segunda chance para 30% do eleitorado brasileiro. Ao longo da campanha, a parcela dos que diziam que o presidente merecia uma segunda chance se ampliou, enquanto a de Lula caiu. De novo, foi um processo. Na última semana antes do segundo turno da eleição, Lula aparecia com seu pior indicador na série, 52%, enquanto Bolsonaro chegou ao seu melhor resultado, 49% — resultado muito próximo ao que foi encontrado nas urnas.

QUEM MERECE UMA SEGUNDA CHANCE COMO PRESIDENTE?

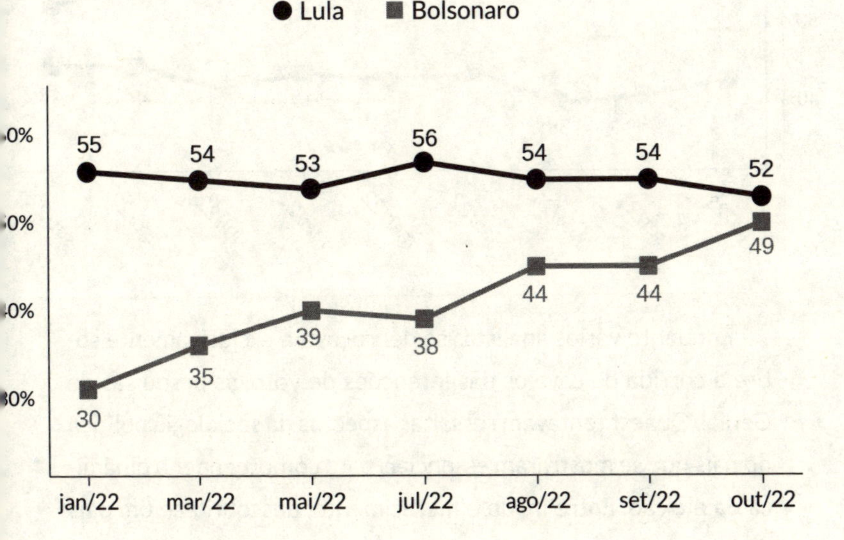

A alta rejeição do então presidente pelos eleitores foi determinante para sua derrota. Bolsonaro chegou a ser repelido por quase dois terços da população no fim de 2021 e chegou à eleição com 52% dos brasileiros dizendo que não votariam nele de jeito nenhum (conforme gráfico a seguir) — na margem de erro, a votação que Lula obteve ao final.

REJEIÇÃO ELEITORAL A BOLSONARO E A LULA

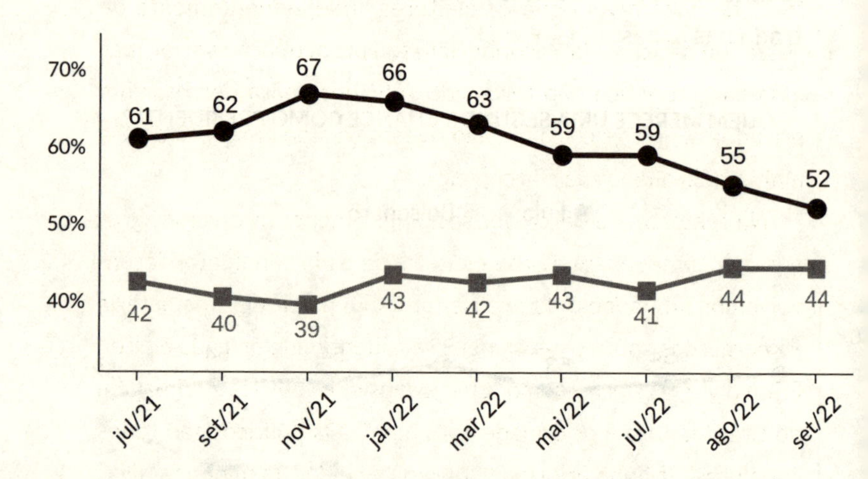

Enquanto vários analistas se debruçavam exclusivamente sobre a corrida de cavalos das intenções de voto, as pesquisas da Genial/Quaest tentavam ressaltar aspectos da sociologia política do país que se mostraram essenciais para compreender a dinâmica da eleição. Entre medo e merecimento, descobriu-se um país dividido, mas com leve vantagem para Lula. Vantagem, não por amor, mas por medo do outro. O que essa forma de pensar revela é que dentro de cada grupo havia algo que os unia — o temor ao outro —, mas havia muito que os dividia.

Os vários lulistas e os vários bolsonaristas

Bolsonaro encontrou em Lula o seu contraponto. Enquanto nas pesquisas qualitativas o então presidente era visto como "insensível", Lula era tido como "alguém que se preocupava com as pessoas". Enquanto nas entrevistas Bolsonaro era visto como "honesto", o candidato do PT era visto como "corrupto". As entrevistas mostravam que os eleitores, independentemente de gostar ou não de Lula, reconheciam sua preocupação social, mas essa característica não teria sido suficiente para derrotar um presidente no cargo se Lula não tivesse trazido em torno de si a mais ampla aliança da sua carreira.

Na tentativa de descrever sociologicamente os diversos grupos que compunham a base eleitoral de cada candidato, desenvolvemos um modelo de análise fatorial a partir de uma bateria de perguntas sobre o pensamento e a identidade de cada eleitor. Eram diversas frases, como "Eu me considero petista", "A imagem do Brasil lá fora é prioridade para mim", "Os políticos são todos corruptos", "Minha prioridade de vida é cuidar da minha família", "É difícil empreender no Brasil porque nós pagamos impostos demais" e "Em algumas circunstâncias, é melhor uma ditadura que uma democracia". As frases foram tratadas por esse modelo fatorial que agregou os entrevistados de diversas rodadas da pesquisa em oito grupos.

Do lado de Lula, se reuniram eleitores que tinham identidades diferentes, muitas vezes contraditórias, mas um objetivo em comum: derrotar Bolsonaro. Identificamos quatro grupos: "petistas", "progressistas", "D/E" e "liberais sociais".

ESPECTRO DE ELEITORES DE LULA

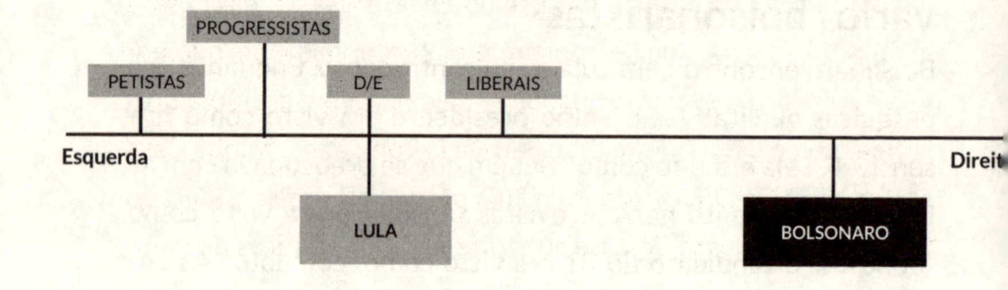

Mas quais são a identidade e os interesses de cada um desses grupos?

Os petistas participaram dessa eleição com um sentimento de revanche histórica. Eles foram despejados do poder em 2016, com o impeachment de Dilma Rousseff, e buscavam uma revanche institucional. Voltar a ocupar a presidência, especialmente com Lula, era a oportunidade de reescrever a história política desses militantes. Nas pesquisas conduzidas pela Genial/Quaest, pode-se dizer que 8 de cada 100 eleitores podem ser classificados como "petistas".

Lula foi amplamente majoritário entre os "progressistas", grupo que congrega 10% dos eleitores. Na definição clássica de Norberto Bobbio,[126] o progressismo é um movimento que sustenta ser possível melhorar as sociedades humanas por meio da ação política. No Brasil, os progressistas votaram pelos direitos de mulheres, negros, LGBTQIAP+ e indígenas e pela pauta ambiental, em completa oposição à agenda de Bolsonaro. Os artistas, a cultura, os movimentos sociais estão englobados aqui.

Os eleitores "D/E", dependentes dos serviços do Estado, beneficiários de programas sociais, são 30% do total. São eleitores

---

126 Bobbio (2003).

do Nordeste, do norte de Minas Gerais e com influência sobre o leste do Pará, Tocantins e o norte do Espírito Santo. Para esses eleitores, a agenda mais importante é a econômica, porque envolve aumento de salário, qualidade de emprego e acesso a programas como o Bolsa Família, o Farmácia Popular e o Minha Casa Minha Vida. Os D/E escolheram Lula porque ele era considerado a melhor opção para tirar Bolsonaro e restituir políticas de bem-estar para essas regiões. Além dos investimentos e da retomada de projetos para essa população.

Embora numericamente menor, o último grupo que constituiu a base lulista em 2022 teve importância simbólica. Os "liberais sociais", representados pelo apoio de Simone Tebet e dos economistas liberais no segundo turno, deram à candidatura Lula a imagem de uma frente ampla a favor da democracia. Embora esse grupo corresponda a apenas 3% do eleitorado, sua influência na mídia, no empresariado e no Judiciário é notável. Depois do fracasso na montagem de um candidato viável na terceira via, os liberais sociais foram decisivos na vitória de Lula, justamente por serem críticos públicos dos governos anteriores do PT. É preciso lembrar que, segundo as pesquisas da Quaest em 2018, parte dos liberais sociais votou em Bolsonaro em 2018 e não se trata de eleitor fiel de nenhum dos lados.

Contra esses 51% de Lula, uniram-se todos os outros. Em comum, esses 49% que perfilaram ao lado de Bolsonaro têm um sentimento antipetista muito forte. Dentro dessa associação de antipetistas há eleitores empreendedores da direita liberal, aqueles que compartilham valores conservadores cristãos, os ruralistas que vivem do agronegócio e os fascistas. Essa coalizão eleitoral já votou contra o PT em várias eleições, mas nunca havia encontrado um representante com quem se identificasse como Bolsonaro.

ESPECTRO DE ELEITORES DE BOLSONARO

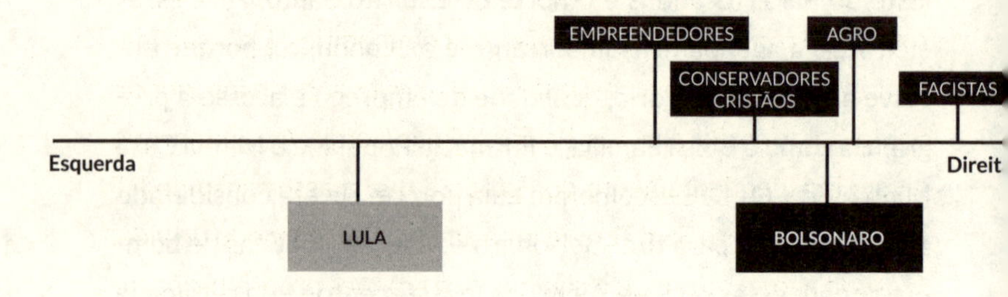

O primeiro grupo, o de "empreendedores", soma 4% dos eleitores que foram votar. São a classe média com pequenas ou médias empresas, majoritariamente do Sudeste e do Sul, e também os operadores do mercado financeiro. Eles têm aversão ao Estado, considerado corrupto e ineficiente. Sua principal bandeira é a redução de impostos, têm uma visão negativa do Brasil e positiva dos Estados Unidos. Os empreendedores defendem valores liberais e se tornaram radicalmente antipetistas a partir do governo Dilma. Para eles, o PT é sinônimo de atraso, corrupção e recessão.

Se os eleitores D/E são o maior grupo pró-PT, na base de Bolsonaro o maior segmento é o de "conservadores cristãos". Trata-se de um grupo volumoso, de 29%, que vive principalmente nas áreas urbanas e defende a manutenção das instituições sociais tradicionais, especialmente as de defesa da família, da segurança pública, dos direitos de propriedade e da hierarquia social. No Brasil, boa parte do conservadorismo se confunde com religião. Os evangélicos são conservadores em sua maioria, há também os católicos com a mesma visão de mundo. Os conservadores cristãos enxergam no PT o avanço de pautas progressistas e uma quebra da autoridade de pais, professores e policiais. Bolsonaro foi o primeiro presidente desde a redemocratização a assumir a defesa desses valores.

Outro grupo identitário fundamental na base bolsonarista é o dos "agro". Eles vivem em regiões dominadas pela cultura sertaneja e sob o *boom* das exportações de commodities. É a visão majoritária de todo o Centro-Oeste e parte relevante do interior de Santa Catarina, Paraná, São Paulo e Minas Gerais. Acreditam que vivem independentemente do Estado e que a associação do PT com o Movimento Sem Terra é uma ameaça ao seu modo de vida. O grupo não se refere exclusivamente a grandes proprietários rurais, incluindo uma população mais ampla cujo estilo de vida está conectado a esse modo de produção. Bolsonaro se aproximou do grupo com sua defesa intransigente da posse e do uso de armas, seus ataques às invasões de terra e sua política de governo contra as legislações ambiental e indígena. As pesquisas realizadas pela Quaest nos últimos anos estimam que 14% dos eleitores que votaram em 2022 sejam "agro".

O menor grupo dentro do bolsonarismo é também o mais radical. Os fascistas são pouco mais de 2% do eleitorado, não toleram a liberdade de grupos de esquerda, são preconceituosos e racistas e já antes da campanha eleitoral defendiam que Bolsonaro liderasse um golpe autoritário. Eles se fortaleceram ao longo do governo de Bolsonaro porque se sentiam acolhidos. Foram eles os responsáveis por dar visibilidade à radicalização do governo em manifestações como as de 7 de setembro de 2021. Para esse grupo, os ataques de 8 de janeiro de 2023 em Brasília eram o resultado natural de uma eleição que acreditam ter sido fraudada.

A eleição presidencial se organizou em torno dessas oito identidades. Lula venceu porque tomou de Bolsonaro o pequeno grupo dos liberais sociais, que em parte havia votado contra o PT em 2018. Embora minoritário, esse grupo pode ser decisivo em futuros processos eleitorais: por se tratar de um grupo de alinhamento ideológico mais centrista, tais eleitores não aderem automaticamente a lulistas ou bolsonaristas e tendem a ser alvos recorrentes da campanha política.

Boa parte dos eleitores interessados em política está engajada com uma visão de mundo que os identifica no mercado eleitoral. Mais que isso, eles não querem se relacionar nem ouvir os argumentos do outro lado, num clima de intransigência raras vezes visto no Brasil. Pouca gente entre tais eleitores mais interessados está disposta a mudar de lado. A grande maioria já tem uma identidade política que foi formada depois de anos de disputas presidenciais polarizadas e que foi incentivada a partir do governo Bolsonaro. Embora líderes carismáticos, como Lula e Bolsonaro, reforcem essa polarização, acreditamos ser ingênuo supor que a ausência de um ou dos dois nas próximas eleições vai devolver o país à normalidade política.

O paradoxal é que esse estado de enrijecimento das paixões políticas não implica que os resultados eleitorais estejam predeterminados. As identidades que se associaram ao lulismo e ao bolsonarismo são gigantes e permitem um alto potencial de votos para seus candidatos. Mas os dois movimentos são tão grandes que o resultado tende a ser definido por grupos pequenos, que podem se abster ou optar por um dos lados e, assim, decidir a balança eleitoral. Ao mesmo tempo que enxergamos um país mais enrijecido politicamente, os resultados são mais imprevisíveis.

4

COMO O BRASIL SAIU DAS URNAS?

O BRASIL SAIU da eleição de 2022 socialmente dividido e afetivamente polarizado. Mais pessoas passaram a escolher com quem conversar sobre política. Nas relações de trabalho, para evitar atritos, muita gente preferiu esconder suas preferências quando desconhecia as dos colegas. A qualquer sinal de desacordo social, as frases "Mas eu não sou bolsonarista, viu!" ou "Mas eu não sou petista!" se tornaram amuletos para se esquivar do julgamento externo e de um eventual conflito.

Esse processo de animosidade não nasceu em 2022, mas foi sendo construído ao longo do tempo. De 1994 a 2006, as eleições brasileiras foram marcadas por um antagonismo partidário entre PT e PSDB. Os partidos estavam polarizados, mas a sociedade, não. As pessoas votaram em Fernando Henrique Cardoso e em Luiz Inácio Lula da Silva atentas ao debate sobre alternativas de crescimento econômico, controle da inflação e geração de empregos.

Nas eleições de 2006 a 2014, essa divisão ganhou contornos sociais a partir da temática proposta pelo marqueteiro João Santana de que apenas os governos do PT representavam os mais pobres. Alegorias publicitárias de que os mais ricos desaprovaram o PT por não gostarem de ver pobres viajar de avião ou cursar a universidade foram repetidas pela esquerda como se fossem verdades sociológicas. Nesse cenário, as pesquisas mostraram um comportamento de voto realmente diferente entre ricos e pobres, mais e menos escolarizados, nordestinos e sulistas. O centro do debate foi tomado por disputas em torno de políticas distributivas.

Em 2018, com a política tradicional na lata do lixo, houve um novo realinhamento de forças sociais. A divisão política se intensificou e o Brasil chegou a outro patamar de antagonismo, chamado pelos cientistas políticos de "polarização afetiva". O termo — que será desenvolvido adiante — se aplica a um contexto em que crescem a identificação pessoal dos indivíduos com o grupo ao qual pertencem e o ódio em relação aos opositores. Quando a polarização vira uma relação de afeto, o adversário passa a ser seu inimigo, uma ameaça à própria existência do grupo, um mal a ser destruído.

Medir o grau de polarização na sociedade importa porque um maior número de eleitores nessas condições tende a gerar ambientes propícios para o radicalismo. A consequência imediata da polarização afetiva é a formatação de indivíduos mais autoritários e violentos. Um dos achados da Genial/Quaest de 21 de setembro de 2022 foi que, entre os eleitores de Bolsonaro, havia maior desconfiança quanto à urna eletrônica (68% de desconfiança) e apoio à ideia de que Bolsonaro não deveria aceitar a derrota caso perdesse a eleição (39% de eleitores bolsonaristas defendiam essa tese naquela época). Os ingredientes para os ataques a Brasília no 8 de janeiro estavam em ebulição na campanha.

Polarização afetiva

A polarização política é um fenômeno recorrente na história política brasileira: houve getulistas e antigetulistas nos anos 1940 e 1950, o regime militar e seus opositores entre os anos 1960 e 1980, depois o PT e o PSDB de 1994 a 2014. Foi durante a campanha de 2018 e a presidência de Bolsonaro, todavia, que a separação identitária ajudou a calcificar o sentimento dos grupos que aprovavam e reprovavam o governo. A polarização política passou a ser afetiva.

A expressão ficou conhecida a partir de um estudo, publicado em maio de 2019, liderado pelo cientista político norte-americano Shanto Iyengar[127] sobre o crescimento da intolerância nos Estados Unidos. É notável como os achados têm elementos próximos ao que observamos no Brasil.

Por exemplo, (a) a identificação pessoal com o grupo ao qual se pertence num partido político, aliado ao aumento do ódio aos adversários; (b) o aumento significativo da presença de pessoas que no passado não costumavam participar de modo mais intenso das discussões políticas; e (c) a proximidade e o entrelaçamento das questões de identidade, tais como gênero, religião e raça, com o partido de afinidade.

Os autores perceberam que havia um novo estágio na polarização política, que seria inclusive autônomo em relação à ideologia. Para definir esse fenômeno, eles usaram a palavra *afeto*, remetendo à paixão, afecção de alma, em oposição ao tipo de reflexão que se faz de modo racional. Nesse contexto, os ódios, as agressões e as intimidações são reações espontâneas.

O estudo demonstrou que o cenário da polarização afetiva se completa com o comportamento mais agressivo nas redes sociais, a expectativa de pronta resposta a tudo que é postado, o narcisismo crescente e o desejo de ser identificado pelas causas que o eleitor considera justas, quase todas pautadas pelas máquinas digitais dos atores políticos. Somava-se ao cenário norte-americano

---

[127] Iyengar *et al.* (2019).

um noticiário político mais agressivo na mídia, a existência de bolhas e câmaras de eco na internet e o discurso dos partidos para causar indignação entre seus militantes.

Os pesquisadores brasileiros Mario Fuks e Pedro Henrique Marques registraram o crescimento da polarização afetiva em 2018, comparando dados do Estudo Eleitoral Brasileiro (Eseb) de 2002 a 2018.[128] Os eleitores foram apresentados a dois candidatos, um do PT e outro representando o antipetismo, e indagados sobre seu sentimento: se amavam, gostavam, eram indiferentes, não gostavam ou odiavam os nomes apresentados. Com base nas respostas, foi possível calcular um "indicador afetivo".

O índice de polarização afetiva em relação aos líderes, proposto por Fuks e Marques, é construído a partir de dois passos simples. No primeiro, é calculada em nível individual a subtração em módulos do afeto — numa escala de 0 a 10, em que 0 é "não gosta de jeito nenhum" e 10 é "gosta muito" — expresso por cada eleitor em relação aos dois principais candidatos presidenciais de cada eleição. A título de ilustração, um indivíduo que teria dado nota 7 para Lula e 0 para Bolsonaro pontuaria 7 nessa escala; já um indivíduo que deu nota 10 para Bolsonaro e 0 para Lula pontuaria 10.

O segundo passo é calcular o índice propriamente dito, que é a média de toda a amostra da pesquisa, ou seja, a média da escala anterior. E, aqui, os resultados são inequívocos: aumentou a diferença absoluta entre o amor e o ódio do eleitorado em relação ao PT e aos seus principais adversários, especialmente a partir de 2018. O grau de diferença política se mostrou estável de 2002 a 2014 e cresceu substancialmente com a eleição de Bolsonaro

---

[128] Fuks e Marques (2020).

em 2018. Dados inéditos do Estudo Eleitoral Brasileiro de 2022 compilados para este livro mostram que o índice de polarização afetiva superou todas as eleições anteriores e alcançou seu maior patamar na série histórica. O índice saiu de 5,61 para 6,92.

ÍNDICE DE POLARIZAÇÃO AFETIVA NO BRASIL

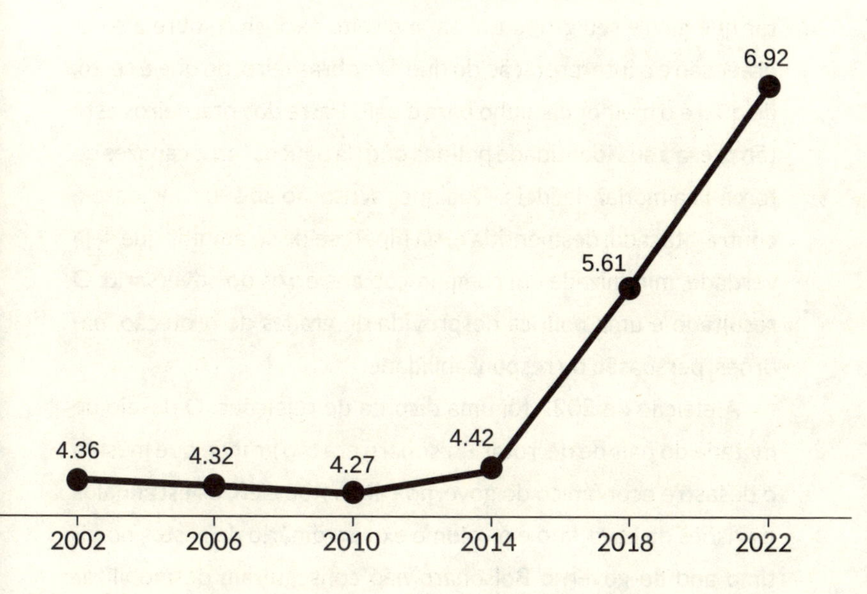

Fonte: Elaboração própria a partir dos dados do Eseb.

O assassinato do guarda municipal Marcelo Aloizio de Arruda pelo policial penal Jorge José Guaranho, em julho de 2022, em Foz do Iguaçu,[129] mostrou até onde a polarização chegou. Arruda comemorava seu aniversário de 50 anos numa festa decorada com estrelas e símbolos do PT e foi baleado porque o bolsonarista Guaranho se ofendeu com o tema da festa. Em um contexto de-

[129] Guarda Municipal... (2022).

mocrático, a disputa política em eleições pressupõe um pacto de não agressão. Como recorda o cientista político Adam Przeworski, as eleições são um método criado justamente para que disputas coletivas sejam resolvidas em paz e liberdade.[130]

A partir de 2018 e, principalmente, de 2022, muitos eleitores deixaram de apenas defender seu candidato e passaram a acreditar que eles e seu grupo tinham o direito exclusivo sobre a compreensão e a interpretação do que é ser brasileiro, do que é certo, de qual é o melhor caminho para o país. Parte dos brasileiros está tão presa à sua identidade política que há poucos fatos capazes de forçá-la a mudar de ideia. Qualquer acusação ao seu candidato é contra-atacada, desmentida e, na hipótese de se admitir que seja verdade, minimizada em comparação aos erros do adversário. O resultado é uma política desprovida de grades de proteção, padrões, persuasão ou responsabilidade.

A eleição de 2022 foi uma disputa de rejeições. O desejo de metade do país de derrotar Bolsonaro era tão grande que mesmo o desastre econômico do governo Dilma Rousseff, os escândalos e prisões da Lava Jato e o volume extraordinário de gastos no último ano do governo Bolsonaro não conseguiram desmobilizar parte do eleitor de votar em Lula. Ao mesmo tempo, o desejo da outra metade de impedir Lula de retornar ao poder era tão forte que acabou minimizando as centenas de milhares de mortos por covid-19 e as ameaças à democracia.

Uma forma de demonstrar o grau de polarização na sociedade, adotada por institutos de pesquisa em outros países, consiste em perguntar diretamente às pessoas como se sentiriam se tivessem um filho ou uma filha casada com um adepto do grupo político

---

[130] Przeworski (2022).

rival. Nesse caso, considera-se como polarizados aqueles que dizem que ficariam infelizes em ter um genro ou uma nora do campo adversário, o que indica alto nível de desejo de distanciamento pessoal por razões políticas.

Na pesquisa Genial/Quaest de junho de 2022, 1 em cada 3 eleitores disse que se sentiria infeliz ou muito infeliz caso tivesse filho ou filha casado(a) com um membro do grupo politicamente adversário. Esse número é maior entre os eleitores de Lula do que entre os de Bolsonaro: 43% entre lulistas, contra 28% dos bolsonaristas. Para que se tenha uma referência de comparação, em 2023 o Brasil está tão polarizado afetivamente quanto os Estados Unidos, onde 38% dos eleitores, segundo pesquisa Ipsos, se sentiriam infelizes com o casamento de seus filhos com alguém do grupo rival.

Em outra pesquisa Genial/Quaest, agora de dezembro de 2022, 90% dos brasileiros afirmavam que o Brasil saiu da eleição dividido. Quando questionados se o então presidente eleito Lula seria capaz de unificar o país, só metade achava que sim. Essa divisão não é só uma abstração, é interpretada pelas pessoas como diferenças reais das suas visões de mundo. Para 43% dos brasileiros, as diferenças de visão de mundo entre homens e mulheres aumentaram nos últimos anos. Para 39%, as diferenças se elevaram entre católicos e evangélicos. Mais impressionante, 47% acham que as diferenças na forma de ver o mundo subiram entre os moradores das regiões Nordeste e Sul.

Outro exemplo que mostra os desafios da polarização no Brasil neste momento é o resultado da avaliação objetiva que as pessoas fazem da situação econômica do país no último ano. Na véspera do segundo turno, a pesquisa Genial/Quaest mostrou que 65% dos eleitores de Lula diziam que a economia brasileira tinha piorado no último ano, enquanto entre os eleitores de Bolsonaro apenas 11% viam a economia como pior. Bastou a eleição de Lula para que, seis meses depois, a avaliação objetiva do passado mudasse completamente. Em abril de 2023, apenas 20% dos eleitores de Lula passaram a dizer que a economia havia piorado nos últimos doze meses, enquanto 49% dos eleitores de Bolsonaro passaram a avaliar negativamente o passado econômico. Em poucos meses, a opinião dos dois grupos sobre os últimos doze meses se inverteu, uma mudança definitivamente mais brusca do que a realidade mostrada pelos indicadores econômicos. Num país de polarização radical, até o passado é discutível.

AVALIAÇÃO SOBRE A SITUAÇÃO ECONÔMICA DO PAÍS CONFORME ELEITORES DE LULA E BOLSONARO

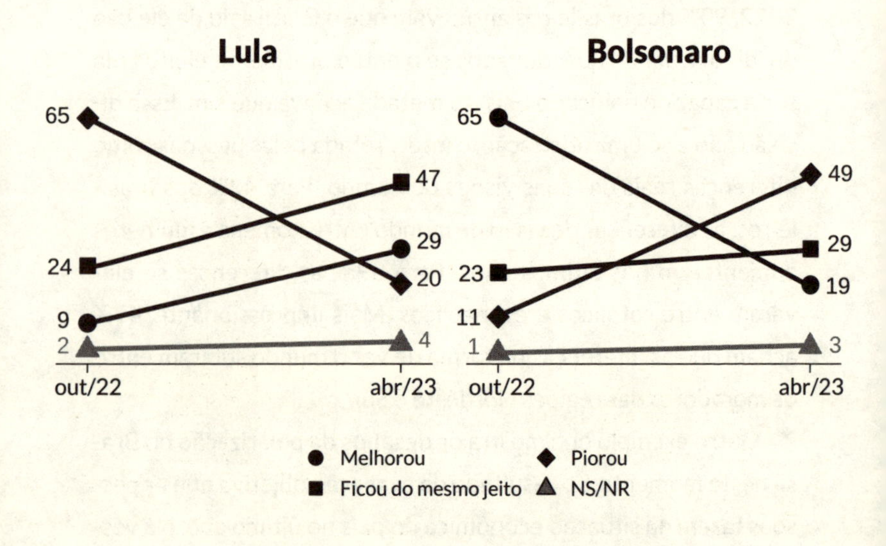

Outro exemplo do grau de polarização afetiva é a animosidade com que eleitores de um lado passaram a tratar os do outro lado. Nas pesquisas Genial/Quaest do final do segundo turno, os eleitores foram indagados sobre o que pensavam a respeito de quem votava no outro candidato. Entre eleitores de Bolsonaro, 37% achavam inaceitável votar em Lula, um grau de intolerância que faria parte da atitude de quase 21 milhões de pessoas no país. Entre eleitores de Lula, 34% achavam inaceitável votar em Bolsonaro, intolerância presente em aproximadamente 20 milhões de pessoas. Ou seja, dos 156 milhões de eleitores aptos a votar, aproximadamente 40 milhões, ou seja, 25% do eleitorado, se disseram intolerantes em relação ao voto do outro. Embora não seja a maioria, não dá para descartar a expressividade da intolerância.

O QUE OS ELEITORES PENSAM SOBRE O ATO DE VOTAR NO CANDIDATO OPOSITOR

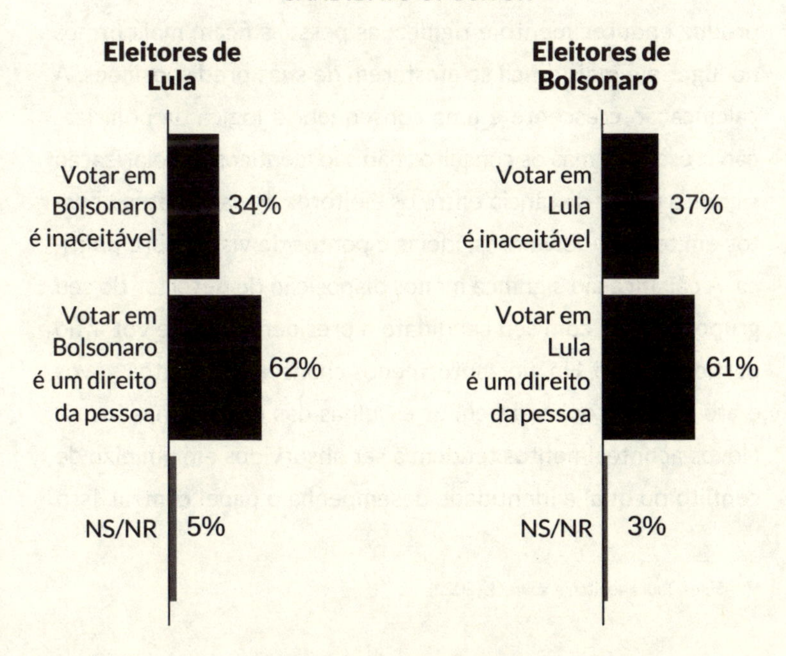

Essa consolidação da identidade de cada grupo foi impulsionada tanto pela antipatia resoluta dos petistas quanto pelo apoio contínuo dos antipetistas. Não importava o que Bolsonaro fizesse, ele teria o apoio dos seus e a oposição dos petistas. O embate entre Lula e Bolsonaro apenas consolidou ainda mais os alinhamentos políticos criados nos anos de antagonismo entre PT e PSDB. O que era um "nós contra eles" – que, por pior que fosse, ainda admitia a existência do outro – tornou-se um "apenas nós temos o direito legítimo de representar o Brasil".

A calcificação política

Para conceituar o que ocorre no Brasil, tomamos emprestada uma definição de Sides, Tausanovitch e Vavreck[131] para descrever a dinâmica política nos Estados Unidos depois de Trump, a "calcificação política". Assim como no corpo, a calcificação produz endurecimento e rigidez: as pessoas ficam mais firmes no lugar e é mais difícil se afastarem de suas predisposições. A calcificação crescente é uma consequência lógica da polarização crescente, mas os conceitos não são idênticos. A polarização significa maior distância entre os eleitores de candidatos opostos em termos de valores, ideias e pontos de vista sobre política. A calcificação significa menos disposição de desertar do seu grupo, romper com seu candidato a presidente ou até votar no partido oposto. Há, portanto, menos chances de eventos novos e até dramáticos mudarem as escolhas das pessoas nas urnas. Novos acontecimentos tendem a ser absorvidos em um eixo de conflito no qual a identidade desempenha o papel central. Isso

131 Sides, Tausanovitch e Vavreck (2022).

significa flutuações menores de ano para ano nos resultados eleitorais. Afinal de contas, as opiniões sobre a economia mudam com maior frequência a depender dos resultados objetivos, mas os valores são mais cristalizados.

No Brasil, vemos três elementos que contribuem para processo semelhante. Primeiro, os grupos políticos identificados como eleitores petistas e antipetistas sofreram mudanças ao longo do tempo, tornando suas visões mais uniformes dentro de cada grupo, e mais distintas de um grupo para o outro. Essa é a tendência conhecida de aumento gradual da polarização partidária. Em segundo lugar, choques de curto prazo, catalisados especialmente por Bolsonaro, aceleraram a polarização em questões de identidade — aquelas relacionadas a raça, religião e gênero. Terceiro: as questões de identidade ganharam cada vez mais importância entre os eleitores de ambos os campos, exacerbando ainda mais as divisões e dando aos políticos todos os incentivos para continuar jogando com determinados atributos.

O primeiro elemento é que os dois grupos estão mais distantes do que nunca, e mais parecidos internamente. A comparação de dados de raça, sexo, escolaridade, idade, renda e religião revela que as eleições de 2022 desnudaram dois Brasis. Lula foi eleito por uma coalizão de mulheres, pessoas negras, católicos, com ensino fundamental e renda domiciliar total de até dois salários mínimos. Por outro lado, Bolsonaro foi mais votado por homens, predominantemente pessoas brancas, evangélicos, com ensino superior e renda domiciliar total acima de dois salários mínimos.

DIFERENÇA DE VOTOS ENTRE LULA E BOLSONARO EM PONTOS PERCENTUAIS POR SEGMENTO SOCIAL EM 2022

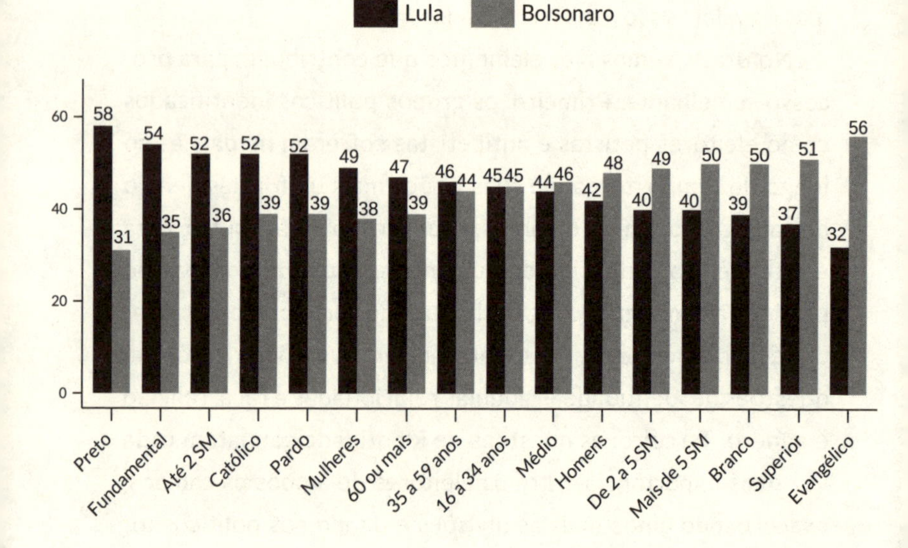

Uma dimensão importante dessa nova segmentação veio da percepção que cada grupo tinha dos dois candidatos. A pesquisa Genial/Quaest da segunda semana de setembro de 2022 perguntou como as pessoas achavam que cada candidato tratava as mulheres. Na opinião de 56% dos entrevistados, Bolsonaro não tratava as mulheres com o mesmo respeito com que tratava os homens. Por outro lado, para 64% dos entrevistados, Lula tratava as mulheres com o mesmo respeito que aos homens. Essa diferença de percepção no caso de gênero foi retroalimentando o conceito que cada *cluster* fazia do seu candidato.

Essa é uma divisão social mais acentuada, se comparada ao que ocorria no Brasil até então. Se forem confrontados os dados da eleição de 2018, o candidato do PT só ganhou entre os eleitores de baixa renda. Ele perdeu entre católicos e evangélicos, entre brancos e negros, entre homens e mulheres. Esse padrão observado em 2018 era parecido com o constatado em eleições anteriores. Em 2022 é que a divisão social por grupos homogêneos passou a ser observada.

DIFERENÇA DE VOTOS ENTRE HADDAD E BOLSONARO EM PONTOS PERCENTUAIS POR SEGMENTO SOCIAL EM 2018

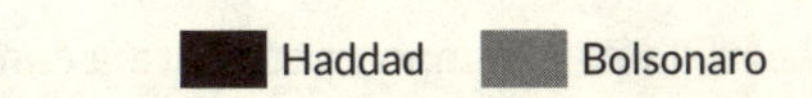

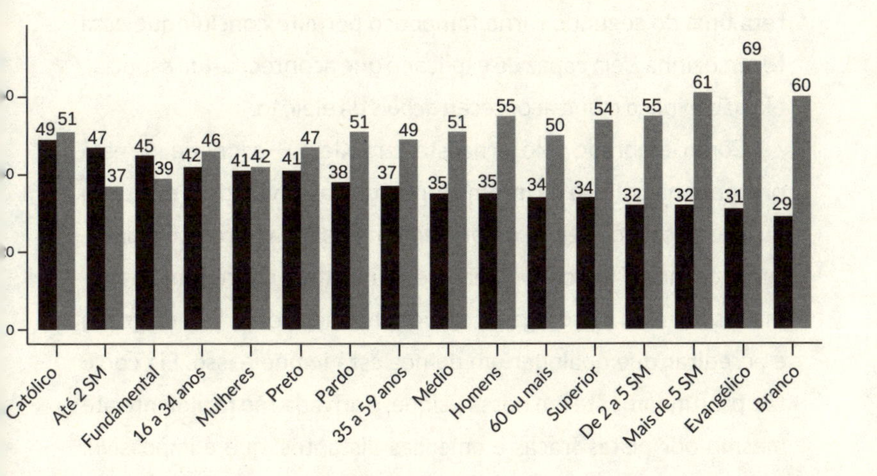

A única categoria social que se comporta diferentemente do que se esperaria é a variável de religião, já que os evangélicos, em sua maioria pobres, votaram mais em Bolsonaro tanto em 2018 como em 2022. Isso só acontece porque há outra variável que importa na determinação do voto desse segmento: os valores.

Os valores e a identidade constituem a segunda dimensão de atributos da calcificação, que é produto de uma mudança no campo de disputa do conflito político. As análises eleitorais, há bastante tempo, se beneficiam daquele famoso slogan de campanha do ex-presidente norte-americano Bill Clinton — "É a economia, estúpido!" — para reafirmar a importância que a preocupação com este departamento tem na explicação do voto em eleições presidenciais. A tese é simples: presidentes são reeleitos quando a economia vai bem, presidentes são derrotados quando a economia vai mal. Considerando-se que Bolsonaro perdeu com a economia ruim, é fácil concluir que a escolha pelo candidato com base na situação financeira do país é importante para a compreensão das eleições de 2022. Mas a força com que Bolsonaro chegou à reta final do segundo turno tampouco permite concluir que essa tese, sozinha, seja capaz de explicar o que aconteceu. Em especial, ela não explica o que aconteceu *depois* da eleição.

Como lembrado pelo jornalista Ezra Klein,[132] a identidade está presente na política da mesma forma que a gravidade, a evolução ou a cognição; ou seja, é onipresente na política porque é onipresente em nós. É impossível recorrer à literatura sobre como os humanos formam e protegem suas identidades pessoais e de grupo e acreditar que qualquer um de nós está imune a isso. Ela corre tão profundamente em nossa psique, é ativada tão facilmente até mesmo por pistas fracas e ameaças distantes, que é impossível falar seriamente sobre como nos envolvemos uns com os outros sem discutir como nossas identidades moldam esse engajamento. Nossas identidades moldam nossa visão de mundo.

A novidade é que a dimensão do conflito político mudou. Disputas sobre tamanho do governo, privatizações e controle de inflação estão perdendo espaço para debates sobre questões de

---

132 Klein (2020).

identidade, gênero, raça e religião. É uma luta do mundo privado, por aquilo que marca a essência do indivíduo, suas crenças sobre o mundo em que vive e em que deseja criar seus filhos.

Faltando trinta dias para o primeiro turno, a Genial/Quaest perguntou aos eleitores quanto eles concordavam com duas frases. A primeira refletia o pensamento tradicional sobre campanhas: "Quando eu voto, penso em quem pode ajudar a melhorar a minha vida". Como era esperado, 83% dos respondentes concordavam que melhorar de vida — o que em geral está ligado à sensação econômica — era importante na decisão do voto. Na segunda pergunta, 85% dos eleitores diziam que, ao votar, "penso em quem defende os mesmos valores" (que os do eleitor). Como essas perguntas não foram feitas nas pesquisas eleitorais anteriores, é impossível traçar uma comparação, mas fica evidente que os valores ganharam peso considerável no processo eleitoral. O fato é que, na opinião dos eleitores de Lula, Bolsonaro ou outros candidatos, os valores equivalem em importância com o bem-estar social na tomada de decisão sobre o voto.

No início do governo Bolsonaro, era possível identificar uma diferença significativa de atitudes de eleitores de Bolsonaro e Haddad, no pleito de 2018, sobre temas que envolviam o papel do Estado e os valores. Os dois tipos de eleitores, segundo pesquisa de novembro de 2019, concordavam que o Estado deve ser o principal responsável pelos serviços de saúde, pela educação universitária, pela redução da desigualdade, pela garantia da aposentadoria e pelo bem-estar dos cidadãos. Já naquela época as pesquisas da Quaest mostravam que eleitores de Haddad e Bolsonaro discordavam sobre união civil de pessoas do mesmo sexo, pena de morte, descriminalização do uso da maconha, porte de arma e legalização do aborto. Ou seja, o processo de diferenciação das visões de mundo sobre valores já havia começado em 2018 e foi se acentuando desde então.

PERCENTUAL DE ELEITORES ANTI-PT E PRÓ-PT, CONFORME SUAS CRENÇAS, ATITUDES E PENSAMENTOS SOBRE O PAPEL DO ESTADO EM 2018

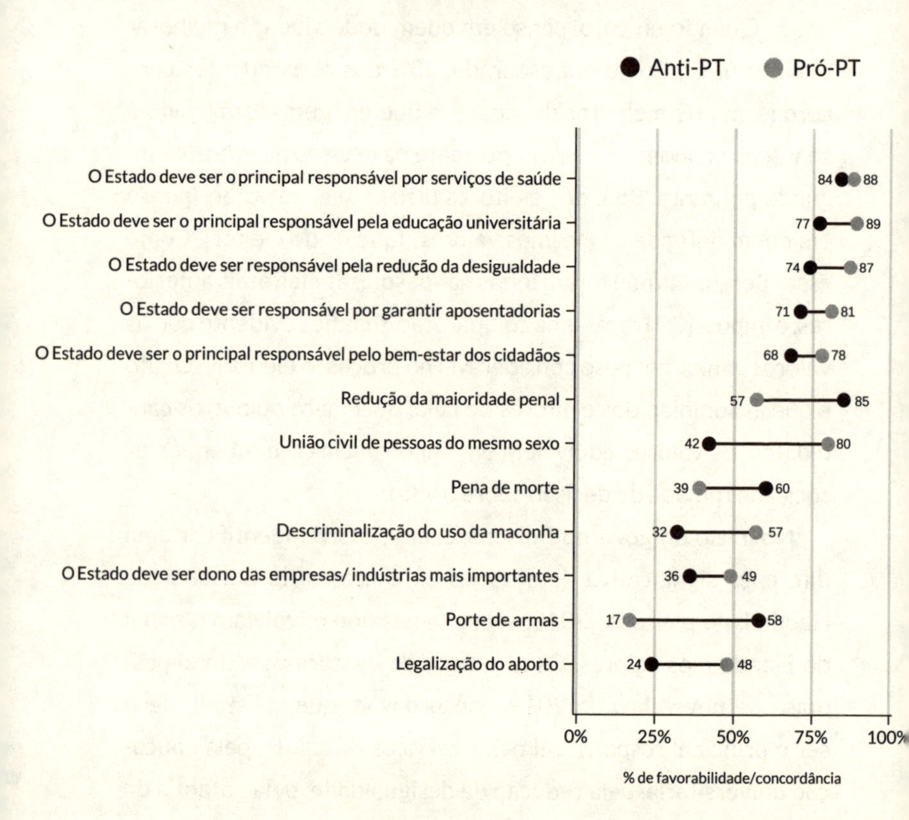

Para entender como a eleição de 2022 mexeu com essas atitudes, as pesquisas posteriores aprofundaram as diferenças entre eleitores de Lula e Bolsonaro em doze temas. Os primeiros seis temas dizem respeito a questões econômicas e os demais, a valores.

As diferenças entre eleitores de Lula e eleitores de Bolsonaro são surpreendentemente pequenas para os temas econômicos e altas para costumes e valores.

PERCENTUAL DE ELEITORES ANTI-PT E PRÓ-PT, CONFORME SUAS CRENÇAS, ATITUDES E PENSAMENTOS SOBRE O PAPEL DO ESTADO EM 2022

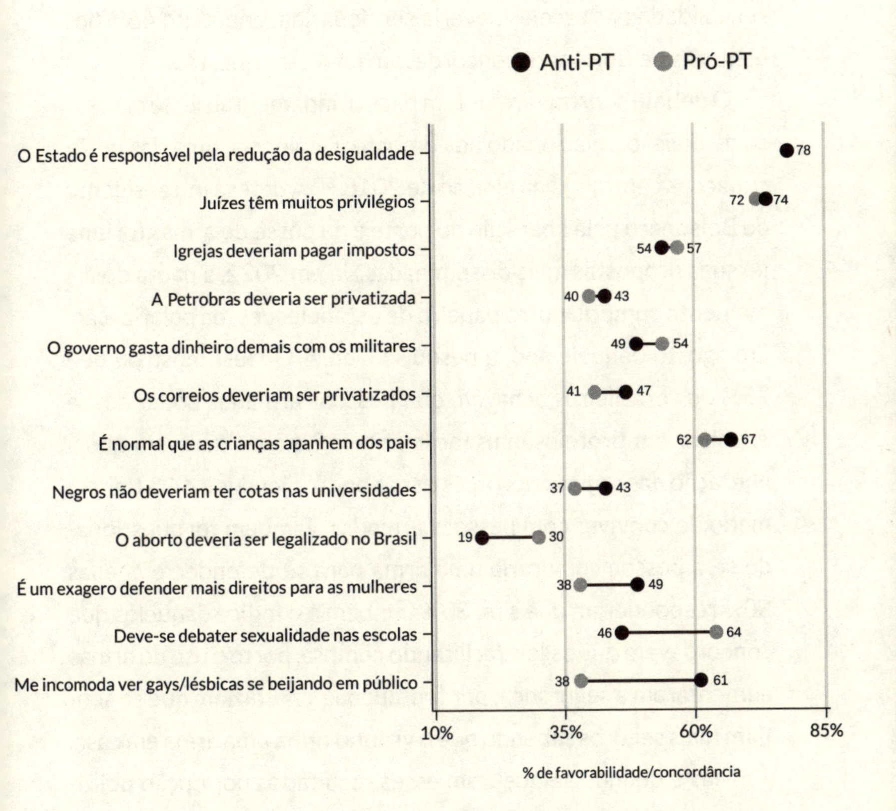

Eleitores dos dois lados concordavam (78%) que o "Estado é o responsável pela redução da desigualdade", como em 2019. Os dois lados concordavam que juízes têm muitos privilégios e que as igrejas deveriam pagar impostos. Também era consenso que Petrobras e Correios não deveriam ser privatizados — no caso dos Correios, o consenso é menos nítido, mas contempla a maioria nos dois lados.

A diferença em relação aos valores, contudo, é nítida. Entre os eleitores de Bolsonaro, 61% admitiam que se incomodavam ao ver gays ou lésbicas se beijando em público. Já entre os eleitores de Lula, 38% se incomodavam. Para 64% dos eleitores de Lula, a sexualidade nas escolas deveria ser debatida, enquanto 46% dos eleitores de Bolsonaro concordavam com essa questão.

O debate sobre as armas tem papel fundamental nesse processo de divisão, relacionado ao combate à violência, uma das preocupações centrais já na eleição de 2018.[133] A defesa intransigente de Bolsonaro pela liberação do porte e da posse de armas foi uma de suas propostas mais disseminadas. Já em 2022, a pauta do armamento cumpriu outro papel, o de estabelecer uma polarização. Em agosto daquele ano, a pesquisa Genial/Quaest mostrou que 75% dos brasileiros achavam que pessoas armadas poderiam se envolver em tiroteios mais facilmente, 69% consideravam que a liberação das armas criou mais riscos para os jovens e 64% tinham medo de conviver com pessoas armadas. Também foi questionado se a pessoa compraria uma arma para se defender, e apenas 30% responderam que sim; 30% também é o índice daqueles que concordavam que as leis facilitando compra, porte e uso de armas aumentaram a segurança; por fim, apenas 17% diziam que se sentiam mais seguros sabendo que o vizinho tinha uma arma em casa.

Mas é quando se quebram esses resultados por opção política que as diferenças aparecem de forma explícita. A maioria dos eleitores de Bolsonaro (57%) achava que a facilitação de compra,

---

[133] Para eleitores... (2018).

porte e uso de armas aumentou a segurança das pessoas, mas só 16% dos eleitores de Lula concordavam com isso. Mais da metade (52%) dos bolsonaristas, se pudessem, comprariam uma arma para se defender; entre os lulistas, apenas 19% o fariam. Dos eleitores de Lula, 75% disseram ter medo de ter pessoas armadas por perto; somente 43% dos bolsonaristas tinham esse temor.

PERCENTUAL DE ELEITORES DE LULA E BOLSONARO EM 2022 QUE CONCORDAM OU SÃO FAVORÁVEIS A TEMAS LIGADOS AO ARMAMENTO

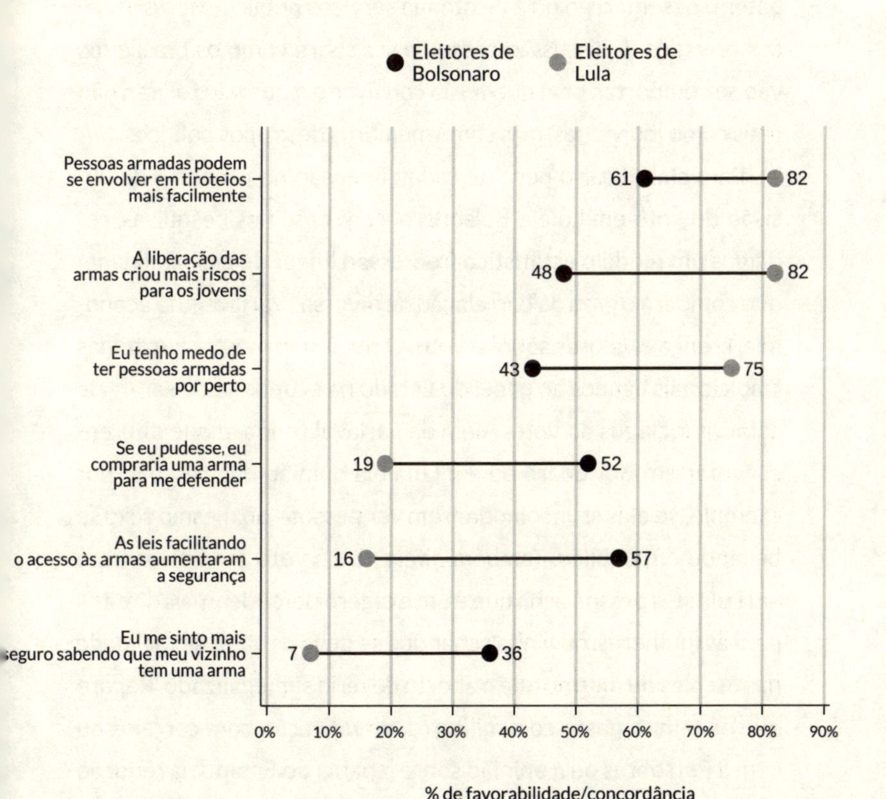

Os dados sobre armas são tão eloquentes que muitos analistas políticos sugerem que o episódio envolvendo a deputada federal Carla Zambelli portando uma arma nas ruas de São Paulo atrás de um civil teria sido decisivo na reta final da eleição. É impossível testar esse argumento, mas não parece ser implausível, dada a divisão apresentada anteriormente.

As diferenças nos valores e em relação às armas ajudaram na delimitação das duas visões de mundo antes, durante e, especialmente, depois das eleições. O debate não tratava mais sobre qual candidato traria maior prosperidade, qual a melhor ideia para combater o desemprego ou a dicotomia serviços públicos *versus* serviços privados. A discussão passou a ser sobre como os brasileiros vão se comportar, com quem vão conviver e o que vão tolerar, não mais como indivíduos, mas como membros de grupos políticos.

Para classificar o peso de cada dimensão no processo de decisão do voto em Lula e Bolsonaro, com base nas pesquisas, rodamos um modelo estatístico (regressão linear de probabilidade) que compara o grau de correlação de diversas variáveis de economia, crença e valores sobre o voto. O resultado mostra que temas tradicionais ligados ao papel do Estado na economia deixaram de estar associados ao voto. Além da variável renda, o que diferencia votar em Bolsonaro ou em Lula é a opinião das pessoas, por exemplo, se elas se incomodam em ver pessoas do mesmo sexo se beijando em público. Também diferencia o voto em Bolsonaro e em Lula se a pessoa acha que é um exagero defender mais direitos para as mulheres, ou ainda achar que se deve debater sexualidade nas escolas ou mesmo que o aborto deveria ser legalizado. Repare que os temas: gasto com militares, privatização com correios ou com a Petrobras ou a opinião sobre o papel do Estado na redução da desigualdade não estão estatisticamente associados ao voto em 2022. Ou seja, os temas ligados a costumes, crenças e valores começam a aparecer associados ao voto, enquanto temas clássicos, como privatização e gastos com setores do Estado, deixam de apresentar associação estatística com voto. É uma mudança de padrão de comportamento. A tese do voto econômico, muito forte em todas as democracias liberais, começa a dividir espaço com a tese de que o que a gente pensa ou como a gente vê o mundo determina como votamos. Então, não é que a economia deixou de ser importante para discriminar e descrever separadamente o comportamento de eleitores de Lula e de Bolsonaro. É que, quando analisados em conjunto, o peso dos costumes e valores se sobrepõe ao de várias questões econômicas.

AUMENTO/REDUÇÃO NAS CHANCES DE UM ELEITOR COM UMA DETERMINADA CARACTERÍSTICA OU OPINIÃO VOTAR EM BOLSONARO NA ELEIÇÃO DE 2022

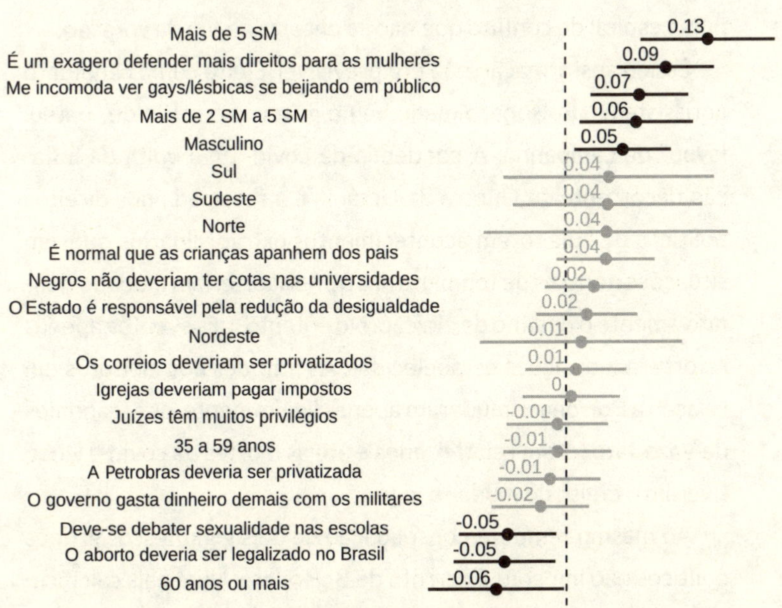

A última dimensão que caracteriza a calcificação é a paridade entre o tamanho de antipetistas (pró-Bolsonaro) e de antibolsonaristas (pró-Lula). Por terem tamanhos parecidos na sociedade, eleitores dos dois campos estão certos de que têm votos para vencer a próxima eleição. Isso significa que não há incentivos para desertarem do grupo onde estão confortáveis e com o qual compartilham opiniões. É um processo de vida em bolha que favorece a ilusão das pessoas de que "todo mundo" pensa como elas e aprova suas atitudes, sejam a recusa a reconhecer o resultado da eleição, ofensas públicas a grupos minoritários ou intolerância a quem pensa diferente.

Juntas, essas três dimensões — distância e semelhança entre os grupos; valores e identidade; paridade de tamanho — marcam uma nova forma de compreender a política brasileira. Depois de anos dividido no debate sobre economia e bem-estar social, o país saiu imerso em antagonismos sobre armas, costumes e valores numa espiral de conflito que não se encerra ao fim da votação.

Essa transformação não era previsível. Eleito como candidato antissistema, Bolsonaro manteve no governo o estilo de "bateu, levou" da campanha. A pandemia da covid-19, a volta da inflação decorrente da Guerra da Ucrânia e a retomada dos direitos políticos de Lula foram acontecimentos extraordinários que, em situações normais de temperatura e pressão, teriam mudado definitivamente o destino da eleição. No entanto, tais eventos apenas reforçaram posições estabelecidas. As atitudes dos eleitores em relação a Bolsonaro mudaram apenas ligeiramente, os escândalos da Vaza Jato foram relativizados e até as mortes da covid-19 não tiveram o efeito de mudar o jogo.

Ao mesmo tempo, a consolidação de dois gigantescos grupos políticos não impediu a derrota de Bolsonaro. Num país calcificado, pequenas mudanças são capazes de tirar a vitória de um e dá-la a outro. A vitória de Lula veio na margem, com a perda de votos de Bolsonaro nas grandes cidades e seu desgaste na pandemia de covid-19 entre grupos específicos de eleitores.

Nos próximos capítulos, vamos discutir os efeitos da calcificação, quais são suas causas conjunturais e se esse processo tem implicações para além da eleição ou se é apenas um determinante do voto.

5

A CALCIFICAÇÃO TRANSBORDA PARA A SOCIEDADE

É MAIS QUE política. O embate dos brasileiros após a disputa de 2022 retrata uma cisão maior. As preferências por Lula ou Bolsonaro não refletiram apenas um modelo político, mas uma estrutura de pensamento. Lulistas e bolsonaristas acreditam em um país tão diferente do que o outro defende que é como se vivessem em sociedades opostas.

O transbordamento da polarização extrema para o cotidiano tem sido estudado nos Estados Unidos e na Europa desde as vitórias eleitorais do Brexit, em 2015, e de Donald Trump, em 2016. Como as duas votações contrariaram o consenso de que a economia seria o tema decisivo para o eleitor, vários cientistas políticos concluíram que os resultados se deviam à "guerra cultural", o conflito entre valores conservadores e progressistas que se acentuou com a ascensão do populismo de extrema-direita.

Ao testarem várias hipóteses para explicar a vitória de Donald Trump nas eleições americanas, Pippa Norris e Roger Inglehart[134] concluíram que o efeito da *cultural backlash* (reação cultural) foi mais importante do que as questões econômicas. Seguindo a mesma linha sobre o poder da guerra cultural, a pesquisadora tcheca Lenka Bustikova[135] constatou que as eleições do Leste Europeu eram influenciadas pelo ressentimento de uma elite tradicional que temia ter de ceder direitos às minorias, fossem mulheres, gays ou estrangeiros.

A disputa passou a ser sobre a forma como cada lado enxerga o mundo, como quer que os próprios filhos sejam criados, quais lugares vai frequentar, que estilos de música ouvir, que roupa

---

[134] Norris e Inglehart (2019).

[135] Bustikova (2020).

usar, em que escolas estudar. A disputa política deixou de ser apenas um ato eleitoral e passou a ser um ato identitário, presente no cotidiano do consumo, do estilo de vida, hábitos e escolhas. A disputa eleitoral transbordou para o cotidiano.

Como muitos fenômenos políticos, o transbordamento foi resultado de uma crise crônica que se tornou aguda. Isso não significa que o Brasil está à beira de uma guerra civil entre quem escolheu Lula e quem escolheu Bolsonaro, mas que parte desses eleitores considera que de fato está vivendo em trincheiras, pronta para um ataque no qual possa ganhar algum terreno de vantagem sobre os adversários. É uma disputa que se trava nos elevadores, nas salas de jantar e nos estádios, um processo no qual ter votado em Lula implica necessariamente defender com vigor mais direitos às minorias, mais gastos públicos sociais e maior proteção ambiental e se confrontar com quem discorda de cada um desses temas. E o contrário no caso bolsonarista. O transbordamento é o sintoma agudo da calcificação.

Na sala de aula

Em fevereiro de 2023, os estudantes do Centro Acadêmico XI de Agosto fizeram circular um abaixo-assinado para impedir a professora Janaína Paschoal de voltar a dar aulas na tradicional Faculdade de Direito da Universidade de São Paulo (USP). Professora concursada da instituição, Paschoal foi coautora da peça jurídica que sustentou o impeachment da presidente Dilma Rousseff em 2016, apoiou a candidatura presidencial de Jair Bolsonaro desde cedo e foi eleita deputada estadual, em 2018, com mais de 2 milhões de votos. Abandonada pelo bolsonarismo, foi derrotada fragorosamente na eleição para o Senado em 2022 e havia marcado seu retorno à cátedra para depois do fim do mandato na Assembleia Legislativa, em março de 2023.

No texto, os estudantes acusavam Paschoal de ter abandonado "os valores democráticos que devem permear as salas de aula da principal instituição de ensino jurídico do país". Ainda segundo eles:

> [...] Felizmente, a população de São Paulo a negou um mandato no Senado. Por outro lado, a sua derrota na política possibilita um retorno às arcadas. É por isso que, antes que pise novamente no Território Livre do Largo de São Francisco, queremos que saiba que não é mais bem-vinda. Hoje a Faculdade de Direito da USP é dos alunos negros e pobres. Hoje a universidade pertence aos defensores da democracia, não aos seus detratores. É exatamente por isso que você não cabe mais aqui. As nossas salas de aula se tornaram grandes demais para você.[136]

A reação da faculdade foi dura. Mesmo professores que ostensivamente discordavam de Paschoal defenderam seu retorno. "Querer proibir que um professor reassuma sua docência, especialmente pelo fato de este docente professar ideias com as quais discordamos, para além de ferir as liberdades constitucionais, é um desrespeito à história de pluralidade que marca o Largo de São Francisco", escreveu o professor Floriano de Azevedo Marques Neto, então diretor da escola.[137] A reação abortou a ação estudantil e, em 21 de março, Paschoal retornou às aulas como pro-

---

136 Rajab (2023).

137 Marques Neto (2023).

fessora substituta da disciplina Teoria Geral do Direito Penal I, do terceiro semestre.[138]

No início de março de 2023, uma professora de história do sexto ano do colégio Dante Alighieri, um dos mais renomados da capital paulista, exibiu em sala de aula um vídeo sobre o trabalho de antropólogos da USP. O filme, com menos de 6 minutos,[139] trazia entrevistas com dois pesquisadores do Laboratório de Arqueologia e Antropologia Ambiental e Evolutiva da USP em que eles contavam o que era possível descobrir sobre a saúde, o comportamento e os modos de vida dos nossos antepassados a partir da análise de esqueletos. O material é educativo e passaria despercebido se não fossem alguns pais notarem que o título da obra, exibido por não mais do que 3 segundos, usa a linguagem neutra, "Evolução para todes", em vez da normativa "Evolução para todos". Criada para representar pessoas não binárias, que não se identificam nem com o gênero masculino nem com o feminino, a linguagem neutra é pouquíssimo usada, mas se tornou objeto de perseguição entre conservadores.

Os pais de muitos alunos do Dante se enfureceram. Acusaram a professora e a escola de estarem incutindo o uso de linguagem neutra em crianças de 11 anos, numa tentativa de impor a ideologia de gênero e deturpar o uso da língua portuguesa. Algumas famílias ameaçaram tirar os filhos da escola. Pressionado, o Dante Alighieri pediu desculpas em uma nota para os pais de estudantes de todas as turmas. "Lamentamos o ocorrido, uma vez que o canal em questão apresenta um tratamento editorial de linguagem que não tem correspondência com o padrão de

---

138 Pina (2023).
139 Canal USP (2021).

uso de linguagem adotado institucionalmente pelo colégio", escreveu a escola.[140]

Quando o caso veio a público, o colégio tentou, inutilmente, se equilibrar entre a compreensão com a revolta de parte dos pais e a oposição de outras famílias ao que parecia uma tentativa de censura. Aos jornais, pais contrários à nota acusaram a escola de "se curvar a reivindicações de base preconceituosa e discriminatória" e de ter perdido "a oportunidade de, a partir do debate sobre linguagem neutra, colocar em discussão junto às alunas e aos alunos as questões centrais de pessoas trans e não binárias que possuem seus direitos básicos e constitucionais negados diariamente em todas as esferas da sociedade brasileira".[141]

O episódio é apenas a ponta de um iceberg que representa como a sala de aula é a continuação dos embates da arena política. Se, como já exposto, as escolhas políticas se transformaram em identidade, elas passam a influenciar todas as escolhas e ações na vida de cada indivíduo. Votar em A ou em B passou a ser também uma forma de reforçar como cada família escolhe a escola dos filhos, o telejornal que assiste à noite ou a rede de hambúrguer que escolhe no jantar de sábado.

Em Goiás, o deputado federal bolsonarista Gustavo Gayer conseguiu que, no início de 2023, a Universidade de Rio Verde retirasse da sua lista de leituras requeridas para o vestibular o premiado romance *Eu receberia as piores notícias dos seus lindos lábios*, de Marçal Aquino.[142]

---

140 Zanini e Seto (2023).
141 Seto (2023).
142 Oliveira (maio 2023).

Semanas depois, satisfeito com a repercussão, o mesmo deputado pressionou para que uma professora de história da arte fosse afastada de uma escola em Aparecida de Goiânia, na região metropolitana da capital de Goiás. O deputado captou uma foto do perfil do Instagram da professora na qual ela aparecia com uma camiseta vermelha e a frase "Seja marginal, seja herói", de uma obra do artista plástico Hélio Oiticica. "Professora de história com look petista em sala de aula", escreveu o político.[143] A professora foi demitida por telefone.[144]

Desde 2014, quando o vereador Carlos Bolsonaro e o deputado estadual Flávio Bolsonaro assinaram os projetos Escola Sem Partido, de intervenção nos materiais escolares, a educação virou uma frente na guerra entre direita e esquerda no Brasil.[145] A iniciativa copiava ideias de políticos norte-americanos que na mesma época tentavam impedir a introdução nas escolas de livros revisando a história escravista dos Estados Unidos. Poucos anos depois, a censura a livros supostamente pornográficos virou o eixo da guerra do governador da Flórida, Ron DeSantis, contra os liberais.[146] Pesquisa mostrou que mais de 40% dos livros censurados tinha temática LGBTQIAP+.[147]

Em dezembro de 2017, o jornal curitibano *Gazeta do Povo* criou uma plataforma chamada "Monitor da Doutrinação" para receber denúncias contra professores de esquerda. O Sindicato dos Trabalhadores em Educação Pública do Paraná acusou o jornal de incitar "clima de denuncismo e perseguição". Dias depois, o jornal recuou.[148]

---

143 Melo (2023).
144 Pannunzio e Bruza (2023).
145 Hermida e Lira (2020).
146 Jones (2023).
147 Natanson (2023).
148 Gazeta do Povo... (2017).

Copiando os irmãos Bolsonaro, o então deputado federal Izalci Lucas propôs projeto para que a Lei de Diretrizes Básicas da Educação passasse a garantir que "a educação não desenvolverá políticas de ensino, nem adotará currículo escolar, disciplinas obrigatórias, ou mesmo de forma complementar ou facultativa, que tendam a aplicar a ideologia de gênero, o termo 'gênero' ou 'orientação sexual'".[149] O texto tornou-se o padrão das centenas de propostas do movimento Escola Sem Partido em Câmaras de Vereadores e Assembleias Legislativas. Em 2016, a Assembleia Legislativa de Alagoas foi a primeira a aprovar lei punindo professores acusados de "doutrinação". Em 2020, o STF considerou a lei inconstitucional.[150]

Em julho de 2023, nove meses depois das eleições, o deputado Eduardo Bolsonaro aproveitou um evento pró-armas para manter aceso o confronto com professores.[151] "Não tem diferença de um professor doutrinador para um traficante que tenta sequestrar e levar os nossos filhos para o mundo do crime. Talvez até o professor doutrinador seja ainda pior, porque ele vai causar discórdia dentro da sua casa, enxergando a opressão em todo tipo de relação. Fala que o pai oprime a mãe, a mãe oprime o filho e aquela instituição chamada família tem que ser destruída", discursou.

O educador Paulo Freire (1921-1997) virou o ícone da disputa esquerda-direita na educação. Criador de um método de alfabetização de adultos nos anos 1960 com uso da linguagem do cotidiano, Freire colaborou com o governo João Goulart, foi

---

149 Escola Sem Partido... (2018).

150 Amorim e Oliveira (2020).

151 Eduardo Bolsonaro compara... (2023).

exilado pelo regime militar e ajudou a fundar o PT, em 1980. Em 2012, no governo Dilma, Freire foi declarado "patrono da educação brasileira".[152] O título foi cassado por Bolsonaro, que definiu o educador como "energúmeno".[153] Para reforçar seus laços com os eleitores bolsonaristas, em março de 2023, o governador de São Paulo, Tarcísio de Freitas, anunciou que iria mudar o nome de uma futura estação de metrô na capital paulista, na avenida Educador Paulo Freire, próximo à rodovia Fernão Dias. O nome inicial da estação seria o de Freire e foi trocado pelo do bandeirante.[154] O episódio repete, com sinais trocados, a decisão da Universidade Estadual de Campinas (Unicamp) de cassar em 2021 o título *honoris causa* concedido ao ministro da ditadura Jarbas Passarinho.[155]

Pesquisa Genial/Quaest de dezembro de 2022 mostra a evolução da intolerância política nas escolas. Nela, 7% dos brasileiros entrevistados disseram que mudariam seu filho ou sua filha de escola se outros pais da mesma instituição tivessem opinião política divergente da sua. A intolerância de convivência nas instituições de ensino viria dos dois lados, já que 8% dos bolsonaristas e 5% dos lulistas estavam mobilizados a mudar seus filhos de escola caso identificassem que eles eram minorias políticas em suas escolas. Mais chocante ainda é o resultado para junho de 2023. Chegou a 25% o percentual de brasileiros que se sentiriam mal se seus filhos estudassem em uma escola com muitos pais com visão política diferente.

---

152 Rocha (2012).

153 Gamba e Mariz (2019); Mazui (2019).

154 Barros (2023).

155 Gaspari (2021).

Nas relações sociais

Uma pergunta tradicional da ciência política para medir o grau de tolerância política é sobre como o eleitor reagiria se seu filho ou sua filha se casasse com alguém do partido oposto. Nos Estados Unidos, onde esse tipo de pergunta virou padrão, a empresa de pesquisa YouGov questionou a população sobre isso logo após a fratricida eleição de 2020 entre Joe Biden e Donald Trump. O resultado: entre os Democratas, 38% ficariam muito ou um pouco infelizes com essa situação e, entre os Republicanos, 38% ficariam muito ou um pouco infelizes.

A Genial/Quaest repetiu o questionamento no Brasil, e a resposta foi avassaladora: entre os eleitores de Lula, 26% se sentiriam infelizes ou muito infelizes; entre os eleitores de Bolsonaro, 28%. Os números impressionam pelo tamanho e pela similaridade com a realidade norte-americana. Seria possível supor que tais sentimentos fizessem parte da emoção do período eleitoral e que depois da decisão, em junho de 2023, as coisas mudariam. Ledo engano: 32% dos eleitores de Lula e Bolsonaro disseram acreditar que não reatariam as amizades perdidas na campanha.

A Genial/Quaest também perguntou para os eleitores, oito meses depois da eleição, se eles tinham rompido relações familiares ou de amizade por conta de política ou se conheciam alguém que tinha rompido relações: 17% reconheceram que romperam relações e 54% afirmaram que conheciam quem tivesse rompido amizades ou laços familiares por conta de política. Os eleitores de Bolsonaro conhecem mais gente que rompeu laços (58%). Entre os eleitores de Lula, 52% afirmam conhecer alguém que tenha passado por essa situação.

Outras perguntas da mesma pesquisa confirmaram que a tensão política atingiu em larga medida a vida dos brasileiros. O rancor contra quem pensa diferente se manteve ao longo do tempo: na pesquisa feita imediatamente após as eleições: 42% dos eleitores de Bolsonaro disseram que, ao longo da campanha, pioraram sua opinião sobre quem votou em Lula. Entre os lulistas, 35% pioraram sua avaliação sobre os bolsonaristas, um grau de animosidade desconhecido até então. O mais chocante na pesquisa de junho de 2023 é que, entre os eleitores que afirmaram ter rompido relações durante a campanha, 75% disseram não sentir qualquer arrependimento por terem brigado por política em 2022.

Para ilustrar ainda mais a profundidade das clivagens estabelecidas após a eleição, cabe também comparar as mudanças produzidas pelo pleito a partir de pesquisas realizadas antes e depois da eleição. Por exemplo, em dezembro de 2022, depois da vitória de Lula, a Genial/Quaest repetiu com 2 mil brasileiros um questionário realizado um ano antes, com avaliações sobre o Brasil e questões pessoais. Depois, em junho de 2023, a pesquisa voltou a perguntar aos brasileiros sobre os mesmos temas. Vejamos os principais resultados.

- A porcentagem de brasileiros que deixariam o país se pudessem saltou de 29%, em dezembro de 2021, para 37%, em dezembro de 2022. Entre os que se definiram como antipetistas, esse índice chegou a 45%.
- A porcentagem de brasileiros que preferem assistir a canal de TV com noticiário político similar ao seu ponto de vista saiu de 10%, em 2021, para 30%, em 2022. Entre os antipetistas, o percentual chegou a 38%.

- Saiu de 3%, em 2021, para 15%, em 2022, os que deixariam de ouvir um artista que tivesse apoiado o candidato em quem não votou. Antipetistas e pró-petistas se parecem muito neste quesito: o percentual de quem vai deixar de ouvir música de cantor que apoiou outro candidato é de 15% e 16%, respectivamente. Em junho de 2023, o percentual de brasileiros que se sentiriam mal ao ouvir um artista que apoiou outro candidato chegou a 23%.
- Em dezembro de 2022, chegou a 13% o percentual de brasileiros que declararam que não comprariam o produto de uma marca que apoiou o adversário. Mais uma vez, os dois lados apresentam o mesmo comportamento. Esse percentual foi ainda maior em junho de 2023, quando a Genial/Quaest perguntou como os brasileiros se sentiriam se descobrissem estar comprando um produto de alguém que votou no candidato diferente do seu. Chegou a quase 20% o percentual de quem se sentiria mal com a situação.

No consumo

Comprar virou um ato político. Uma semana depois da tentativa de golpe de 8 de janeiro de 2023, o ministro da Fazenda, Fernando Haddad, fez sua estreia internacional representando o presidente Lula no Fórum Econômico Social em Davos, na Suíça. Falando sobre o clima no Brasil, Haddad relatou que a polarização havia alcançado o consumo.

> No Brasil, em função do engajamento de algumas empresas com o governo extremista que foi derrotado, muita gente deixou de consumir os produtos dessas empresas no Brasil. Eu

> sou um que não consumo sem prestar atenção de quem que eu estou adquirindo o produto. Eu não compro nem um palito de fósforo de uma empresa que não tenha compromisso com essas questões.[156]

A declaração do ministro sobre escolher suas compras por motivações políticas reproduz o comportamento de milhões de consumidores, da esquerda à direita. Ao longo da campanha, os dois campos divulgaram listas de bancos, redes de lanchonetes, lojas de eletrodomésticos, restaurantes, academias de ginástica e veículos de mídia que eram vetados por supostamente apoiarem o adversário.

Nenhuma marca simbolizou tanto a polarização quanto a rede varejista catarinense Havan, do empresário Luciano Hang. Apoiador de Bolsonaro desde 2017, Hang influenciou decisões do governo, sugeriu indicações para cargos estratégicos, foi processado por assédio partidário aos funcionários, promoveu manifestações pró-Bolsonaro e liderou boicotes à TV Globo, que, segundo os bolsonaristas, divulgavam mentiras em favor da esquerda.

Em outubro de 2020, Hang tentou negociar a abertura de capital da própria empresa, que se supunha alcançar R$ 100 bilhões.[157] Com os meses, a projeção foi estimada para R$ 70 bilhões e, em julho de 2021, chegou a R$ 45 bilhões. O documento oficial da oferta inicial de ações (IPO, na sigla em inglês) citava o empresário entre os fatores de risco para o negócio. O folheto reconhecia que Hang "já foi no passado e é parte em inquéritos e ações cíveis, criminais e ações civis públicas" relativos a condutas "supostamente

---

156 Scheller (2023).
157 Entenda por que... (2021).

inapropriadas, e/ou ofensivas, inclusive decorrentes de sua opinião pessoal nas redes sociais, sendo que algumas matérias cíveis tiveram ou podem ainda ter potenciais desdobramentos na esfera criminal".[158] O negócio nunca saiu.

A intolerância contra empresas não nasceu com a disputa Bolsonaro *versus* PT. Durante anos a multinacional JBS teve de fazer campanhas para provar que o filho mais velho de Lula, Fábio Luís Lula da Silva, não era dono da companhia.[159] Em 2017, antes de Bolsonaro ser um candidato viável, o grupo de direita Movimento Brasil Livre (MBL) protestou contra uma exposição de arte de temática LGBTQIAP+ promovida pelo Banco Santander, em Porto Alegre. Com trabalhos de 85 artistas, a mostra *Queermuseu – cartografias da diferença na arte brasileira* foi apresentada pelo MBL de forma distorcida, como se fosse um incentivo à pornografia. Os militantes filmavam quem entrava no museu para denunciá-los nas suas redes como pedófilos em potencial. O banco encerrou a exposição e pediu desculpas: "Entendemos que algumas das obras da exposição *Queermuseu* desrespeitavam símbolos, crenças e pessoas, o que não está em linha com a nossa visão de mundo. Pedimos sinceras desculpas a todos os que se sentiram ofendidos por alguma obra que fazia parte da mostra".[160]

Alguns enxergaram na polarização uma oportunidade de negócios. Em 2023, um empresário potiguar lançou um condomínio residencial na Praia de Tabatinga, no litoral sul do Rio Grande do Norte, que, segundo o anúncio, seria exclusivo para bolsonaristas.[161]

---

[158] Filgueiras e Mattos (2020).

[159] Monnerat (2019).

[160] Sperb (2017).

[161] Empresa anuncia... (2023).

No início da campanha, em abril de 2022, o então presidente Bolsonaro pediu a empresários que não anunciassem em veículos de comunicação que publicavam denúncias contra seu governo. "Agora, vocês que são anunciantes ajudariam muito o Brasil. Eu peço a vocês: órgãos de imprensa que mentem o tempo todo, não anunciem nesses órgãos de imprensa", disse.[162]

A rede Magazine Luiza foi um dos alvos favoritos do bolsonarismo. Em setembro de 2020, o deputado bolsonarista Carlos Jordy entrou na Justiça para impedir que a rede promovesse um programa de trainees apenas para negros. O então presidente da Fundação Cultural Palmares, Sérgio Camargo, apoiou o deputado. "Magazine Luiza terá que instituir Tribunal Racial no seu RH para evitar que pardos e brancos consigam fraudar o processo seletivo que é exclusivo para pretos", exagerou Camargo.[163] O Magazine Luiza ganhou a ação.

Em maio de 2020, um casal de estudantes de 22 anos de Ponta Grossa, no interior do Paraná, colocou no ar uma versão brasileira do site norte-americano Sleeping Giants, para denunciar páginas que propagavam notícias falsas sobre a covid-19. No perfil do Twitter e no Instagram, o Sleeping Giants Brasil divulgava o nome dos anunciantes dos veículos e pedia que eles cancelassem a publicidade. O primeiro alvo foi o *Jornal da Cidade Online* — que veio também a se tornar um dos maiores propagadores de notícias falsas sobre urnas eletrônicas, segundo estudo da Diretoria de Análise de Políticas Públicas da Fundação Getulio Vargas (FGV-DAPP) —,[164] que perdeu 250 anunciantes.

---

[162] Bolsonaro pede... (2022).

[163] Programa de trainee... (2020).

[164] Mello (2020).

Em três anos, o site calcula ter convencido empresas a não gastar mais de R$ 60 milhões em anúncios de veículos de extrema-direita. Sua maior vitória foi garantir que 700 anunciantes do apresentador Sikêra Junior deixassem seu programa na RedeTV. Com seguidas declarações homofóbicas, Sikêra dirigia um programa policial que apoiou a reeleição do presidente de maneira explícita. O programa nacional saiu do ar com a derrota de Bolsonaro.

O resultado do pleito presidencial, em outubro de 2022, gerou um clima de perseguição às marcas que teriam apoiado o PT. Logo depois da vitória de Lula, a atriz e secretária de Cultura Regina Duarte, abertamente bolsonarista, pediu que os empresários petistas colocassem uma estrela vermelha nos estabelecimentos — sugestão que rapidamente foi comparada à marca da estrela de Davi imposta na porta das empresas de judeus pela Alemanha nazista.[165] Na mesma semana, bolsonaristas do Rio Grande do Sul divulgaram listas de comerciantes que supostamente haviam apoiado o candidato do PT, com o intuito de incentivar o boicote a suas empresas.[166]

Um dos setores mais fortes do bolsonarismo, o agronegócio, também manteve o tom de guerra mesmo depois da eleição. Em abril de 2023, a principal feira agrícola do país desconvidou o ministro da Agricultura do governo Lula, Carlos Fávaro, para a abertura do evento para que o ex-presidente Jair Bolsonaro participasse.[167] Bolsonaro foi ao evento com o governador Tarcísio de Freitas e discursou por sete minutos.[168] Em reação, Lula chamou os organizadores da feira de "fascistas".[169]

---

165 Barros (2022).
166 Chagas (2022).
167 Ministro da Agricultura... (2023).
168 Após conflito com governo... (2023).
169 Truffi (2023).

Nos esportes

Poucas atividades fora da política foram tão afetadas pela polarização quanto o futebol. As camisetas amarelas da seleção brasileira foram incorporadas às manifestações antipetistas desde as marchas apartidárias contra o aumento das tarifas do transporte público em junho de 2013. Na estreia do Brasil na Copa das Confederações, no estádio Mané Garrincha, em Brasília, a então presidente Dilma Rousseff foi vaiada pela primeira vez, no primeiro sinal de que sua popularidade estava para ruir.[170] Ao longo do torneio, manifestantes de esquerda e de direita portavam cartazes pedindo serviços públicos "padrão Fifa", numa referência às exigências da entidade às cidades que no ano seguinte sediaram a Copa do Mundo. Na estreia da Copa de 2014, no novo estádio do Itaquerão, Rousseff foi novamente vaiada, agora com palavrões.[171] Numa amostra do nível de ódio na política de então, seus adversários Aécio Neves e Eduardo Campos apoiaram as vaias.[172] Os xingamentos contra a então presidente se repetiram no Maracanã, durante a entrega da taça ao capitão da Alemanha, Philipp Lahm.[173]

Jair Bolsonaro, que deve seu nome à idolatria do pai ao meia palmeirense Jair Rosa Pinto (1921-2005),[174] foi o político que usou de forma eficiente o futebol como demonstração da sua popularidade. As camisas amarelas da seleção que viraram uniforme das passeatas pró-impeachment de 2015 e 2016 se tornaram exclusivamente bolsonaristas a partir de 2018.

---

[170] Ribeiro (2013).

[171] Passarinho (2015).

[172] "A gente colhe o que planta"... (2014).

[173] Dilma recebe... (2014).

[174] Nogueira (2018).

Política e futebol sempre estiveram conectados. Emílio Médici se deixava fotografar acompanhando o jogo do Flamengo pelo rádio de pilha para se mostrar um cidadão simples. A conquista da Copa de 1970 foi amplamente usada pelo regime militar para espelhar o que seria o auge do Brasil. Fernando Collor chegou a jogar futebol de salão com o time que disputaria a Copa de 1990, e todos os presidentes posteriores usaram a seleção para tentar ganhar popularidade.

Palmeirense, Bolsonaro teve gols e títulos dedicados pelo jogador Felipe Melo[175] e foi homenageado no dia do segundo turno contra Lula por dirigentes e jogadores do Flamengo, que posaram ao seu lado com a taça Libertadores recém-conquistada.[176] Mas nem sempre a conexão do então presidente com o futebol terminou em vitórias. Em 2021, quando 460 mil brasileiros já haviam morrido por causa da covid-19,[177] Bolsonaro insistiu para que o Brasil sediasse a Copa América, que estava então sob risco de cancelamento, depois da desistência de Colômbia e Argentina em função da pandemia. A Copa ocorreu, e o Brasil perdeu a final para a Argentina.

O transbordamento às vezes ocorre em sentido inverso, da vida cotidiana para a política institucional. No Dia das Crianças de 2021, o jogador de vôlei Maurício Souza postou no Instagram uma mensagem criticando o fato de o novo Super-Homem ter se assumido bissexual nos quadrinhos. "Hoje em dia o certo é errado, e o errado é certo... Se tem que escolher um lado, eu fico do lado que eu acho certo! Fico com minhas crenças, valores e ideias. 'Ah, é só um desenho, não é nada de mais.' Vai nessa que vai ver onde

---

175 Toth e Fernandez (2019).

176 Poder360 (2022).

177 Magri (2021).

vamos parar", escreveu. O post homofóbico foi atacado, mas, inicialmente, seu clube, o Minas Tênis, defendeu o atleta. Depois o suspendeu, então voltou atrás e, finalmente, encerrou o contrato.[178] Fora das quadras, Maurício foi eleito em 2022 deputado federal pelo PL, o partido de Bolsonaro.

Há ainda debates de temas da sociedade que transbordam para o campo sem nenhum político ou partido ser citado. Técnico campeão da Libertadores pelo Galo em 2013 e do Campeonato Brasileiro em 2016 e 2021, Alexi Stival, o Cuca, havia sido condenado por participar de um estupro coletivo de uma garota menor de idade na Suíça em 1987, quando era jogador juvenil do Grêmio.

A condenação era conhecida, mas nunca havia atrapalhado sua carreira, até 2023, quando foi contratado pelo Corinthians. Na estreia de Cuca, no minuto 87 do jogo, referência ao ano do estupro, as jogadoras do time feminino do clube postaram em suas redes sociais um protesto com o título "Respeite as minas". A cobertura intensa da imprensa, os protestos dos torcedores — principalmente das torcedoras do clube — nas redes sociais derrubaram o técnico depois de apenas sete dias e duas partidas. O que era chamado de uma "mancha" até 2021 tornou-se inadmissível em 2023.

Na religião

Fé e voto tornaram-se indissociáveis na última década. O crescimento das denominações evangélicas conservadoras gerou uma pressão sobre políticos das bancadas religiosas para se afasta-

---

178 Vecchioli (2021).

rem do PT e de sua agenda liberal sobre costumes e direitos de minorias. Ao longo das campanhas de 2018 e 2022, Bolsonaro catalisou essa oposição dos evangélicos ao PT e divulgou como fato que as igrejas seriam fechadas na hipótese de vitória de Lula. As cicatrizes não se fecharam depois da posse do candidato petista.

Em maio de 2023, o pastor evangélico Thiago Guerra publicou um artigo acusando Lula de ter atacado a instituição familiar ao ter dito que "os fascistas dominam o debate sobre o costume, a família, o patriotismo". "Lula", escreveu o pastor, "[propaga um discurso que] se iguala ao projeto da serpente que desde o Éden tenta acabar com ela [a família]."[179] Em junho, ao lado do deputado federal bolsonarista mineiro Nikolas Ferreira, o pastor Anderson Silva disse em seu podcast que os evangélicos deveriam orar a Deus para "matar os seus inimigos, quebrar a mandíbula do presidente Lula e prostrar enfermidades nos ministros do STF".[180]

Em entrevista no mesmo mês ao portal UOL, a filósofa Márcia Tiburi, que foi candidata a governadora do Rio pelo PT em 2018, acusou a ex-primeira-dama Michelle Bolsonaro de usar "o cristofascismo" para manipular a religião como forma de ganhar votos e defendeu o fechamento do que o pastor Marcos Jair Ebeling chama de "igrejas de mercado", igrejas que tratariam a fé como um produto.[181] "Por mim, a gente taxa todas essas igrejas, fecha todas essas igrejas de mercado, acaba com esse oba-oba dessas igrejas de mercado e faz esse país se tornar um país mais sério", disse.[182] As declarações foram amplamente usadas pelas igrejas pentecos-

179 Ataque de Lula... (2023).
180 Alves (2023).
181 Longo (2021).
182 UOL (2023).

tais e neopentecostais como a confirmação das acusações que fazem há décadas contra o PT.[183]

Durante uma pregação dominical na igreja Lagoinha, em Orlando, nos Estados Unidos, em julho de 2023, o pastor bolsonarista André Valadão discorria contra o mês do orgulho LGBTQIAP+ enquanto citava o episódio bíblico da aliança entre Deus e Noé, pela qual Ele havia se comprometido a não destruir mais a humanidade. Em dado momento, o pastor menciona: "Aí Deus fala: 'Se Eu pudesse eu matava tudo [os gays] e começava tudo de novo. Mas prometi para mim mesmo que eu não posso. Agora tá com vocês'".[184] O Ministério Público abriu inquérito contra o pastor por "propagação do ódio", apoiado por ministros e congressistas lulistas. A bancada bolsonarista reagiu, justificando a fala como uma pregação contra o pecado. "Aos que estavam duvidando... a perseguição chegou dentro das igrejas, é o início do fim do resto que ainda tínhamos de liberdade religiosa", postou no Twitter o deputado Eduardo Bolsonaro.[185]

A busca do dissenso

A política não existe em um vácuo. Ela é reflexo dos anseios, das aspirações e dos temores da sociedade. É natural que, num Congresso plural, existam políticos que defendam a pena de morte, direitos indígenas, a volta da monarquia, a transformação do Rio de Janeiro em Distrito Federal e a redução da legislação trabalhista. O Congresso é, por definição, diverso e contraditório.

---

[183] Nota de repúdio... (2023).
[184] Erika Hilton pede... (2023).
[185] Flávio Bolsonaro defende... (2023).

O transbordamento da política para o cotidiano, no entanto, não é só isso.

O transbordamento é um fenômeno maior que reforça a polarização extrema, como se os eleitores fossem fiéis de uma igreja que não admitisse a existência de outra fé. A identidade política passa a ser a tradução de opiniões sobre direitos de gênero, liberdade de expressão e o futuro do país. Não há uma busca de consenso, mas sim de dissenso, uma tentativa reiterada de se diferenciar do outro.

Nesse fenômeno de transbordamento em curso, a identidade política é um pertencimento do qual esses eleitores não podem abrir mão, nem mesmo na hora do consumo, sob pena de perderem parte do que dá sentido à sua vida. Da mesma forma que a fidelidade do torcedor não se encerra com o fim da partida dentro de campo, vencendo ou perdendo, a identidade do eleitor não se encerra com o fim da eleição. Essas lealdades políticas, em uma sociedade calcificada, passam a ser sua impressão digital.

A democracia é um sistema político que se baseia na participação dos cidadãos e no respeito pelos direitos individuais e pelas opiniões divergentes. A incapacidade de ouvir, respeitar e tolerar outros pontos de vista pode minar os princípios democráticos e levar a uma série de problemas.

A polarização deixa as pessoas cada vez mais radicais em suas visões e menos dispostas a ceder, a buscar acordos e chegar a meios-termos. Ela também conduz a uma falta de respeito e de tolerância pela opinião do outro. Quando as vozes moderadas são ignoradas ou desrespeitadas, as pessoas podem se voltar para movimentos radicais que prometem soluções simplistas para problemas complexos. Em uma sociedade sem diálogos construtivos, a governança se torna mais difícil e os impasses políticos, mais frequentes.

A democracia depende do diálogo construtivo entre diferentes grupos e indivíduos. Se as pessoas não estão dispostas a ouvir e considerar outros pontos de vista, o diálogo se torna ineficaz, e as decisões políticas passam a ser tomadas de forma unilateral, sem considerar as necessidades e as preocupações de todos os cidadãos, o que, por sua vez, leva a uma erosão da confiança: quando as pessoas não se sentem ouvidas nem respeitadas, perdem a confiança no sistema democrático. A desilusão pode levar à apatia política, de modo que a população se afasta da participação cívica.

Muitos dos desafios que enfrentamos hoje exigem soluções complexas e multifacetadas, e encontrá-las é muito mais fácil quando as pessoas estão dispostas a considerar uma variedade de perspectivas e ideias, mesmo aquelas das quais, a princípio, discordem. A falta de respeito e tolerância dificulta a busca por soluções eficazes.

Para fortalecer a democracia, é essencial cultivar uma cultura de diálogo aberto, respeito mútuo e tolerância. Isso envolve ouvir ativamente os outros, considerar diferentes pontos de vista e buscar compromissos que atendam ao bem comum. A promoção desses valores é fundamental para manter uma democracia saudável e funcional.

6

TEM SAÍDA?

A RESPOSTA SIMPLES à pergunta deste capítulo é: sim, mas vai tomar tempo e esforço de líderes políticos no Planalto e na planície, dos partidos, do Judiciário, da mídia, das empresas e das ONGs. Cicatrizar as feridas deste país partido ao meio vai demorar anos e só acontecerá se os dois lados se dedicarem. Não existe reconciliação de um lado só. Esta é a resposta simples. Agora vamos à reflexão complexa.

Numa alegoria com as conhecidas cinco etapas de aceitação do luto da psiquiatra suíça Elisabeth Kübler-Ross,[186] o Brasil precisa atravessar as fases de negação, raiva e depressão para chegar aos estágios de negociação e aceitação de quem vive um ambiente de polarização extrema. Importante: a aceitação, nesse caso, não significa dar de ombros para uma polarização extremada crescente, mas introjetar que ela existe e que é quase nula a possibilidade de o país voltar no curto prazo ao diálogo organizado dos anos 1990 e início dos anos 2000. Ao contrário, a tendência é a calcificação se acentuar. É preciso em parte aprender a lidar com esse novo Brasil e em parte identificar os limites do que é aceitável e do que não é, para uma convivência em sociedade.

A crise da polarização extrema é um fenômeno mundial. Levou o Reino Unido a sair da União Europeia, num dos maiores espetáculos de automutilação de uma sociedade moderna, e transfor-

186 Kübler-Ross (1969).

mou a extrema-direita em protagonista eleitoral em países tão díspares, como Estados Unidos, Hungria, Filipinas, Polônia, Israel, Chile, Argentina e Itália. Em comum, há o uso estratégico do ressentimento de parte da população com suas elites (sejam elas políticas, econômicas ou intelectuais), o choque de valores morais e o viés de confirmação das redes sociais.

Em *Why We Are Polarized*, o jornalista norte-americano Ezra Klein descreve o avanço constante da divisão entre republicanos e democratas nos Estados Unidos a partir da transformação do primeiro em uma legenda populista trumpista e da esquerdização do segundo. Analisa Klein:

> A polarização que vemos ao nosso redor é o resultado lógico de um complexo sistema de incentivos, tecnologias, identidades e instituições políticas. Implica capitalismo e geografia, políticos e instituições políticas, psicologia humana e a demografia em mudança da América. E por enquanto, pelo menos, veio para ficar.[187]

A primeira coisa a entender é que a polarização não é necessariamente ruim. A pluralidade de visões e ideias enriquece uma cultura e faz com que as autoridades se preocupem em adotar políticas públicas abrangentes. É natural que pessoas de gênero, raça e renda diferentes exijam respostas distintas de seus políticos, e essa cacofonia é uma das vantagens da democracia sobre qualquer outro sistema político.

Os governos de esquerda não conseguiram responder satisfatoriamente aos anseios dos eleitores de direita sobre segurança

---

[187] Klein (2020).

pública, nem os governos de direita adotaram ações de combate à desigualdade social de longo prazo que cumpram as exigências dos eleitores de esquerda. Embora setores distintos do eleitorado tenham prioridades específicas por certas pautas políticas, temas como segurança pública e desigualdade social atravessam e impactam todos os cidadãos. Assim, quando um governador ou um presidente de esquerda tenta responder aos anseios legítimos dos eleitores de direita e vice-versa, a polarização opera para fortalecer a democracia.

Eixos da polarização extrema retratada neste livro, o lulismo e o bolsonarismo são respostas políticas para problemas reais. A necessidade real do Estado para a sobrevivência de uns, ou o completo descrédito das instituições para outros, para iniciar uma lista infindável de visões de mundo opostas. As duas posições — progressista e conservadora — são legítimas e vão disputar corações e mentes dos brasileiros pelos próximos anos, com ou sem a presença de seus líderes nas máquinas de votação, porque ambos representam ideias sedimentadas na sociedade.

É preciso identificar as convergências capazes de costurar o tecido social. Mães e pais bolsonaristas e lulistas naturalmente terão divergências, mas devem concordar que seus filhos precisam de uma base educacional para futuramente formarem suas próprias opiniões. Irmãos e amigos devem entender que ter opiniões divergentes é tão natural quanto torcer para times rivais no futebol. Um desconhecido usar a camiseta do político adversário é um direito dele, não é uma ofensa aos outros. Os partidos devem ter condições iguais de disputa eleitoral. E o candidato que tiver mais votos leva.

Quase não foi o caso do Brasil de 2023.

Os limites do constrangimento político foram afrouxados nos últimos anos, como mostraram os vários ataques a ministros do STF por bolsonaristas,[188] mas a linha divisória que precisa ser traçada é a mesma que sustenta as regras do contrato social. A discussão tem limitações na lei, que não aceita agressões, injúrias e difamações. Um cidadão não pode ser prejudicado por sua cor, raça, religião, gênero, orientação sexual ou posição política. Uma professora não pode ser impedida de dar aulas porque é de direita, nem um fiel pode sofrer assédio por votar no candidato de esquerda.

Mudar esse jogo não é um desafio simples. "O terraplanismo, por exemplo, é apenas ignorância e deve ser tratado pedagogicamente. Já o movimento antivacina entra numa área mais cinza: é ignorância científica, mas não tão inofensivo como o terraplanismo. Um presidente que se coloca contra a vacina merece uma avaliação distinta e mais severa que um homem comum que acredita que Bill Gates vai inocular um vírus no seu organismo", escreveu o jornalista Fernando Gabeira.[189]

Em seu clássico *A sociedade aberta e seus inimigos*, o filósofo austro-britânico Karl Popper desenvolve o que chama de "paradoxo da tolerância". Ele escreveu:

> A tolerância ilimitada leva ao desaparecimento da tolerância. Se estendermos a tolerância ilimitada mesmo aos intolerantes, e se não estivermos preparados para defender a sociedade tolerante do assalto da intolerância, então os tolerantes serão destruídos e a tolerância com eles. Devemos então, reservar, em

---

[188] Agressão a Moraes... (2023).
[189] Gabeira (2023).

> nome da tolerância, o direito de não tolerar o intolerante. Devemos exigir que qualquer movimento que pregue a intolerância fique à margem da lei e que qualquer incitação à intolerância e à perseguição seja considerada criminosa, da mesma forma que no caso de incitação ao homicídio, sequestro de crianças ou a volta do tráfico de escravos.[190]

Parece contraditório, mas no primeiro passo para sair da calcificação a sociedade precisa concordar sobre limites que, se cruzados, geram repulsas em todos os lados. É como uma Convenção de Genebra, o protocolo que tenta dar regras mínimas aos conflitos armados. O embate entre ideias contrárias deve ser normalizado, mas os lados precisam aceitar que existem regras civilizatórias que não podem ser ultrapassadas. Os atentados a Brasília de 8 de janeiro cruzaram esta linha.

O Brasil não se defronta diante de simples variações ideológicas, onde interesses legítimos estão em disputa nas instituições. É o risco de regressão pré-Constituição de 1988, de se aceitar "estado da natureza" na acepção de John Locke (1632-1704), onde não há a base de solidariedade sobre as regras fundamentais do funcionamento de Estado e sociedade.

Escrito sob o choque da chegada de Donald Trump à presidência dos Estados Unidos, *Como as democracias morrem* traz uma reflexão alarmista sobre os efeitos de uma liderança populista na sociedade. No livro, os cientistas políticos norte-americanos Steven Levitsky e Daniel Ziblatt enumeram os alertas sobre o comportamento de políticos com tendências autoritárias, que confrontam até as regras mínimas de convivência política:

---

190 Popper (1974).

1) rejeitam, em palavras ou ações, as regras democráticas do jogo;
2) negam a legitimidade de oponentes;
3) toleram e encorajam a violência; e
4) dão indicações de disposição para restringir liberdades civis de oponentes, inclusive a mídia.

A herança da polarização das políticas públicas é o maior desafio dos governantes do Brasil pós-Bolsonaro. Campanhas de vacinação, provas do Exame Nacional do Ensino Médio (Enem), a fiscalização de crimes ambientais e a promoção de oficiais militares ficaram contaminadas pela politização. Para boa parte da população, toda decisão do STF passou a ser suspeita de parcialidade.

Todo governante recebe dos eleitores um mandato para executar as ações *x* e não as *y*, e, portanto, faz parte do jogo que ele mude as prioridades ao assumir. A saída mais fácil para presidentes, governadores e prefeitos é seguir o fluxo. Se estão no campo do lulismo, reproduzem a polarização à esquerda. Se estão com o bolsonarismo, à extrema-direita. É fácil prever que essa opção apenas reforçará a calcificação.

A saída mais difícil é despolitizar e despersonalizar a ação governamental, dando continuidade a projetos de longo prazo. A pandemia de covid-19 mostrou que a necessidade de investimentos públicos consistentes no Sistema Único de Saúde e nos projetos de transferência de renda para miseráveis, como o Bolsa Família, não é de direita nem de esquerda. As lacunas dos dois anos de educação *on-line*, particularmente no ensino básico, serão sentidas por toda a sociedade, independentemente do sinal político.

Numa sociedade calcificada, toda decisão polarizada incentiva uma reação. Como na terceira Lei de Newton, a toda ação corresponde uma reação de igual intensidade em sentido oposto.

Semanas depois de eleito, Lula perguntou retoricamente: "Por que as pessoas são levadas a sofrer por conta de garantir a tal da estabilidade fiscal desse país? Por que toda hora as pessoas falam que é preciso cortar gastos, que é preciso fazer superávit, que é preciso fazer teto de gastos? Por que as mesmas pessoas que discutem teto de gastos com seriedade não discutem a questão social neste país?".[191] Ele sabia que estava abrindo uma frente de atrito com o mercado financeiro. No dia seguinte, o presidente dobrou a aposta: "O mercado fica nervoso à toa. É engraçado que esse mercado não ficou nervoso durante quatro anos do Bolsonaro".[192]

A retórica custou uma alta nos juros de longo prazo dos títulos emitidos pelo Tesouro Nacional e reforçou a má vontade da Faria Lima, o epicentro do mercado financeiro, em relação a todas as iniciativas do Governo Federal. A Faria Lima, que votou majoritariamente em Bolsonaro em 2018 e 2022, passou meses tratando com desconfiança todas as medidas do ministro da Fazenda, Fernando Haddad, mesmo aquelas de ajuste fiscal.

Do outro lado do espectro político, o governador de Minas Gerais, Romeu Zema, alimentou a indústria das teorias de conspiração ao afirmar que as "autoridades [federativas] trabalharam para que os ataques de 8 janeiro ocorressem, de forma que, colocando-se na posição de vítimas, pudessem obter supostos

---

[191] Borges e Pompeu (2022).
[192] Gomes (2022).

ganhos políticos perante a sociedade brasileira e a comunidade internacional".[193, 194] Depois, o governador reconheceu que não tinha provas das suas insinuações, mas se justificou afirmando "que questionar não é nenhum crime".[195]

A intransigência se retroalimenta e se sedimenta fora do período eleitoral, mas as responsabilidades de agentes públicos são distintas das de outros atores. Ao longo de 2022 e 2023, o STF decretou vários casos de censura nas redes sociais a influenciadores de direita e extrema-direita, numa ação que colocou no mesmo pacote os envolvidos na tentativa de golpe em 8 de janeiro, empresários bolsonaristas que discutiam política em um grupo de WhatsApp e humoristas como o youtuber Bruno Monteiro Aiub, conhecido como Monark. Em vez de gerar um grau mínimo de responsabilidade nas redes sociais, a falta de critério das decisões judiciais apenas acentuou o discurso da extrema-direita de que a Justiça era parcial, sempre decidindo contra os bolsonaristas. Em julho de 2023, ao discursar num evento estudantil, o ministro Roberto Barroso, que viria a tomar posse como presidente do STF apenas dois meses depois, alimentou ainda mais as acusações de parcialidade ao dizer que fazia parte dos que haviam "derrotado o bolsonarismo".[196]

Se o presidente, ministros do STF, governadores, senadores, deputados e jornalistas têm uma responsabilidade política de ao menos tentar atenuar os efeitos da polarização extrema, a responsabilidade individual do cidadão é aprender a conviver com as diferenças.

---

[193] Governo fez vista grossa... (2023).
[194] Zema é alvo do STJ... (2023).
[195] Oliveira (mar. 2023).
[196] Camargo (2023).

A direção de uma escola tem liberdade de adotar um currículo mais progressista ou conservador, mas precisa ser pluralista e deixar transparente a sua escolha aos pais e alunos antes das matrículas. Será que a escola sabe qual é o seu público? E sabe enfrentar as críticas que virão ao ensinar a história do Brasil da forma *x* ou *y*?

Conviver numa sociedade calcificada significa aceitar que não existe mais unanimidade. Uma empresa não pode mais escolher seu posicionamento ou uma propaganda como fazia até dez anos atrás. A cor da camiseta usada pelos personagens, as palavras escolhidas e os atores selecionados manifestarão uma posição, quer a empresa queira ou não. Um banco pode financiar uma exposição de arte LGBTQIAP+, como o Santander fez em 2017, mas precisa estar preparado para a reação de quem discorda. O caso do Bradesco não é muito diferente: em 2021, o banco divulgou vídeo incentivando a abstinência de carne na segunda-feira e retirou a propaganda do ar depois de ameaça de boicote dos clientes pecuaristas.[197] O diretor de marketing deixou o banco.[198]

Um Brasil dividido coloca contra a parede o oportunismo de algumas ações corporativas de ESG (a sigla em inglês para ambiental, social e governança). Resultado de anos de discussões sobre as responsabilidades sociais das empresas, a abordagem ESG tenta definir metas de minimização dos impactos ambientais, compensações sociais e incentivos a diversidade, equidade e inclusão no quadro de funcionários. É notável como algumas empresas usam os selos de ESG para ações de marketing no mês do Orgulho LGBTQIAP+ ou numa genérica defesa da Amazônia, sem, no entanto, tomar nenhuma atitude real sobre o tema. Tanto

---

197 Gavras (2021).

198 Diretor responsável... (2022).

o *pinkwashing* quanto o *greenwashing*[199] ficarão sob maior escrutínio num país de extrema polaridade. Por um lado, as empresas serão criticadas pelos conservadores. Por outro, serão vigiadas pelos progressistas e rechaçadas se cederem às pressões.

Num ambiente conflagrado, as empresas terão de mostrar rigidez na construção de sua reputação e, para isso, deverão investir em conhecer profundamente os sentimentos que movem as ações de consumo, as atitudes digitais, a predisposição ao conflito, o limite até onde conseguimos chegar diante de nossos valores. Quando o Magazine Luiza virou alvo preferencial do bolsonarismo por supostamente cometer racismo reverso com seu programa de trainee, foi à Justiça e ganhou.[200] Sustentou sua posição, preferiu arriscar seus clientes, porque tinha conhecimento sobre o que seu público queria.

Em 2020, a rede de supermercados Carrefour criou um comitê antirracista com personalidades do movimento negro depois que seguranças contratados pela empresa espancaram até a morte um cliente preto numa loja em Porto Alegre.[201] A ação aplacou momentaneamente os ataques do movimento negro à reputação do Carrefour, que acumulava várias denúncias de assédio de seguranças a clientes pardos e pretos. Foi só uma trégua. Dois anos e sete meses depois da criação do comitê, o número de denúncias de assédio e agressão na rede de supermercados se manteve tão alto que a companhia decidiu implantar câmeras de vídeo nos uniformes dos seguranças.[202]

---

199 *Greenwashing* (do inglês, "lavagem verde") e *pinkwashing* ("lavagem rosa") consistem no posicionamento empresarial em propagandas a favor de, respectivamente, pautas ambientais e LGBTQIAP+ sem nenhum compromisso real com as duas causas.

200 Higídio (2022).

201 Saiba mais sobre os 8 compromissos... (s.d.) e Agência O Globo (2020).

202 Seguranças do Carrefour... (2023).

Nesse cenário, a reação natural das empresas é se esconder. Ao contrário dos anos 1990 e 2000, muitos empresários evitam expor suas posições, temendo ser atacados por um dos dois lados, ou pelos dois. O *spoiler* é que a tática só funciona se a empresa tiver sorte. Com o poder de propagação das redes sociais, ser anódino não significa que a empresa não será eventualmente levada de roldão em alguma crise, seja por um erro real, seja por *fake news.* Nos últimos anos, apenas as marcas que consolidaram uma ligação com seus consumidores conseguiram sobreviver a uma onda de ataques e cancelamentos.

Nos Estados Unidos, onde a polarização do consumo é mais agressiva que no Brasil, uma associação de consumidores de extrema-direita lançou o Woke Alert,[203] um serviço de incentivo ao boicote a produtos de empresas comprometidas com ações progressistas. O termo *woke* (que significa "acordado" em inglês) é usado para definir o comportamento politicamente correto, e a rejeição a ele tornou-se o eixo da pré-campanha presidencial do governador da Flórida, Ron DeSantis.[204]

O potencial da reação da extrema-direita às marcas consideradas pró-*woke* ficou demonstrado com a abissal queda nas vendas da cerveja Bud Light, da fabricante Anheuser-Busch InBev, depois que a influenciadora transgênero Dylan Mulvaney exibiu na sua conta no Instagram uma lata personalizada da cerveja que a empresa lhe enviou como presente. O boicote derrubou 24% das vendas da Bud Light, em abril de 2023.[205] A loja de departamentos Kohl's também foi alvo de boicote por ter lançado

---

203 Gurgel (2023).
204 Mudde (2023).
205 Jones (2023).

uma coleção para o mês do orgulho LGBTQIAP+, incluindo roupas infantis. Ao contrário do episódio da Bud, marca que tenta atingir a todos os americanos, o boicote à Kohl's teve efeito quase nulo[206] porque a maioria dos seus clientes conhecia a relação da marca com as causas LGBTQIAP+.

A lição para o mundo corporativo é que uma marca de nicho terá facilidade em usar causas conservadoras ou progressistas para ampliar o engajamento dos seus consumidores, desde que tenha um compromisso real com o tema. Já as companhias de consumo de massa — como bancos, telefônicas, supermercados, fabricantes de eletrodomésticos, produtos de beleza e cervejas — sofrerão com boicotes caso não exista relação entre o que fazem e a propaganda que exibem.

A rivalidade de corintianos, palmeirenses e tricolores, atleticanos e cruzeirenses, gremistas e colorados, tricolores, cruz-maltinos e rubro-negros (a lista é infindável) forma parte intrínseca da cultura brasileira. Torcer não é apenas sobre a bola na rede, mas sobre pertencimento. Se a política brasileira chegou ao estágio do ódio da torcidas organizadas, é preciso dar um passo para trás. O ódio entre torcidas leva a comportamentos criminosos dentro e fora dos estádios. Há regras — e leis! — que devem ser respeitadas por todos os lados. Em 2022, essa possibilidade foi por terra com o sofisma do presidente Bolsonaro de que assediar a Justiça Eleitoral estaria dentro "das quatro linhas da Constituição". Não estava. Se no futebol são onze jogadores contra onze, num campo de até 120 metros de comprimento por 90 metros de largura, na política é preciso o respeito às bases da democracia sem tergiversar sobre quem ganhou a eleição.

---

206 Ceron (2023).

Por mais dolorosa que seja a derrota numa final de campeonato, quem ganha festeja, quem perde chora, e no próximo torneio começa tudo de novo.

Ouvindo o outro lado

Em seu livro sobre democracia participativa, a pesquisadora norte-americana Diana Mutz reconhece a ausência de soluções fáceis para ambientes polarizados. "Queremos cidadãos ativos politicamente, que participem de debates e escutem vozes discordantes, mas também queremos que esse contexto de antagonismo político não tenha repercussão nos seus relacionamentos pessoais. É difícil encaixar", admitiu.[207]

Num país marcado pela divisão, até indícios de tolerância devem ser comemorados. Quando questionados pela Genial/Quaest, em junho de 2023, se preferem um ambiente de trabalho ou uma escola em que todos tenham votado no mesmo candidato ou que incluam eleitores de ambos os candidatos, 77% dos entrevistados disseram preferir um ambiente com pessoas "dos dois lados/tudo misturado". Esse é um dado relevante, porque pesquisas anteriores mostraram que o debate político é um tabu no ambiente de trabalho.

Análises de milhares de questionários da Quaest compararam a disposição dos brasileiros em debater divergências e confirmaram que os humanos são como os pássaros: aqueles da mesma espécie tendem a se reunir para facilitar a defesa do bando. Os brasileiros são mais confiantes para tratar de polêmicas com a família, em seguida com os amigos, e só depois, com colegas de trabalho e com estranhos.

---

[207] Mutz (2006).

PERCENTUAL DE BRASILEIROS QUE CONVERSA SOBRE POLÍTICA OU ACHA QUE SUAS OPINIÕES DIVERGEM DOS OUTROS GRUPOS, CONFORME VÍNCULO PESSOAL

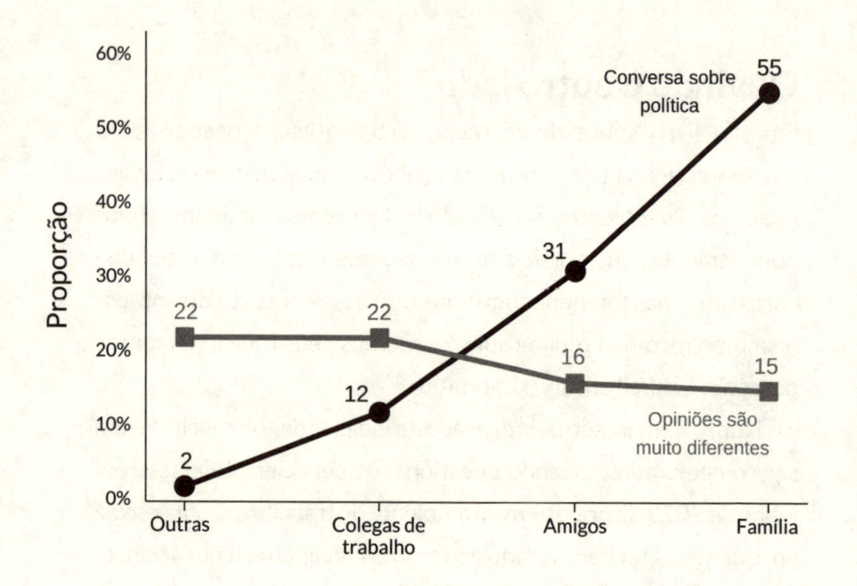

A mesma pesquisa Genial/Quaest mostrou que 82% dos entrevistados não têm medo de falar de política no trabalho, mas 16% ainda acham que isso pode prejudicar sua carreira.

O desafio de tolerância pós-eleitoral dentro das famílias e dos círculos de amizade é ainda maior. Como observado no Capítulo 5, quase um quinto dos brasileiros (17%) confirma ter cortado relação com parentes ou amigos que votaram no candidato adversário para presidente no segundo turno em 2022. Dois de cada três desses brasileiros que romperam relações pela política disseram, em junho de 2023, acreditar que ainda poderiam reatar as relações.

O *zeitgeist* do Brasil de 2023 permitia um otimismo agridoce. O fato de que tantos brasileiros que romperam relações com pessoas próximas acreditam ser possível reatar tais conexões sugere haver espaços para a pacificação. É natural que esse caminho se inicie na normalização das relações familiares e de amizade, afinal elas foram construídas em torno de amor e convivência. A reconstrução das relações no trabalho e com estranhos é um trabalho posterior.

O primeiro passo para enfrentar a polarização extrema é reconhecer que ela existe e que está transbordando para o cotidiano dos brasileiros. O segundo passo é impor os limites claros de até onde vai a opinião política e onde começa a intolerância. Não se pode, em nome de uma liberdade de expressão sem limites, naturalizar o ódio, o preconceito e a intimidação.

Em seu famoso discurso no Congresso norte-americano, em 1941, quando a Alemanha nazista parecia vitoriosa, Franklin D. Roosevelt resumiu os valores democráticos mínimos em quatro liberdades fundamentais: a liberdade de expressão, a liberdade de religião, a liberdade de ter uma vida digna e a liberdade do medo. Os parâmetros representavam as ideias básicas para lutar contra um ideal tirânico que naquele momento triunfava na Europa e na Ásia. "[A lista das quatro liberdades] Não é uma visão para um milênio distante. É uma base definitiva para um tipo de mundo alcançável em nosso próprio tempo e geração", afirmou. Oitenta anos depois, as premissas para uma sociedade tolerante são as mesmas.

7

CONCLUSÃO: TRAÇANDO OS LIMITES

ÀS 9H30 DO dia 13 de setembro de 2023, os onze ministros do Supremo Tribunal Federal (STF) iniciaram, em sessão extraordinária, o julgamento da primeira ação penal contra envolvidos nos atos antidemocráticos de 8 de janeiro. Ex-funcionário da Companhia de Saneamento de São Paulo (Sabesp), Aécio Lúcio Costa Pereira foi condenado a dezessete anos de prisão por tentativa de abolição violenta do Estado Democrático de Direito, golpe de Estado, associação criminosa armada, dano qualificado e deterioração do patrimônio tombado. "[O réu] Veio aqui para dar golpe, atacar os poderes constituídos, o governo eleito. Só que deu errado, e foi preso", resumiu o ministro Alexandre de Moraes, relator do processo. Pereira foi o primeiro dos 1.395 réus julgados pelo STF num processo que simboliza o descalabro causado pela polarização extrema no Brasil.[208]

É igualmente simbólico que nenhum dos onze ministros, inclusive os dois indicados no governo Bolsonaro, tenha deixado de condenar os primeiros réus pelo que fizeram. O consenso é essencial para demarcar um cordão sanitário entre a divergência política salutar da democracia e o golpismo. Mesmo políticos que poderiam ser favorecidos com o vandalismo de 8 de janeiro se recolheram. Não houve manifestações de rua, nem hashtags nas redes sociais em defesa das atitudes dos réus, apenas a mi-

[208] STF condena... (2023).

nimização dos atos e a tentativa de desvinculá-los de uma coordenação central.

A tese majoritária dos ministros do STF não apenas cataloga os crimes dos vândalos do 8 de janeiro, mas pune-os como forma de dar o exemplo para estancar o radicalismo e desincentivar novas tentativas de ataques à democracia. Em seus votos, os ministros Alexandre de Moraes e Gilmar Mendes lembraram aos demais que o plenário onde estavam foi destroçado em janeiro. As primeiras sentenças contra os vândalos de Brasília foram a versão jurídica do paradoxo da tolerância de Karl Popper citada no Capítulo 6.

O início do julgamento dos envolvidos no 8 de janeiro delimita o território de onde o Brasil pode enxergar uma fresta de saída para a calcificação. "Não existe aqui liberdade de manifestação para atentar contra a democracia para pedir ato institucional número 5, para pedir a volta da tortura, para pedir a morte dos inimigos políticos, os comunistas, para pedir intervenção militar. Isso é crime", disse Alexandre de Moraes no julgamento.[209] Quem está dentro do território do respeito às regras merece participar do jogo democrático. Quem está fora deve ser extirpado.

Em um dos seus votos, o ministro Gilmar Mendes perguntou retoricamente: "O que nós fizemos de errado para chegar a isso? E o que nós devemos fazer para evitar que isso se repita?". Este livro tenta ser uma resposta às duas questões.

Este não é um livro sobre o passado. É sobre o presente e as sombras que a polarização extrema projeta para o futuro. O transbordamento da intransigência política para o dia a dia,

---

[209] Mori (2023).

embora ainda não tenha atingido um ponto de não retorno, terá consequências diretas no futuro do Brasil.

Em defesa da Democracia

Os primeiros meses de 2023 poderiam dar a impressão de que nosso diagnóstico é exagerado. O estilo de Lula, historicamente menos belicoso que o de Bolsonaro, reduziu o estresse das relações da sociedade com o governo. Além disso, a condenação do ex-presidente, impedindo que ele participe das eleições até 2030, descarta a repetição de uma revanche Lula x Bolsonaro nos próximos pleitos. Por fim, a incorporação na base congressual do governo Lula de partidos que estiveram com Bolsonaro poderia, em tese, significar a volta da "política como ela é", dos anos 1990 e 2000.[210]

Acreditamos firmemente que essa impressão de volta da normalidade é um autoengano. Passados dez meses desde as eleições, dois de cada três brasileiros consideravam o país mais dividido do que unido. Em junho de 2023, o Brasil ainda aparecia com os mesmos patamares de opinião sobre polarização sentidos em outubro de 2022, no auge da disputa eleitoral. É preciso ser de outro planeta para não se assustar com esse sentimento.

210 Winter (2023).

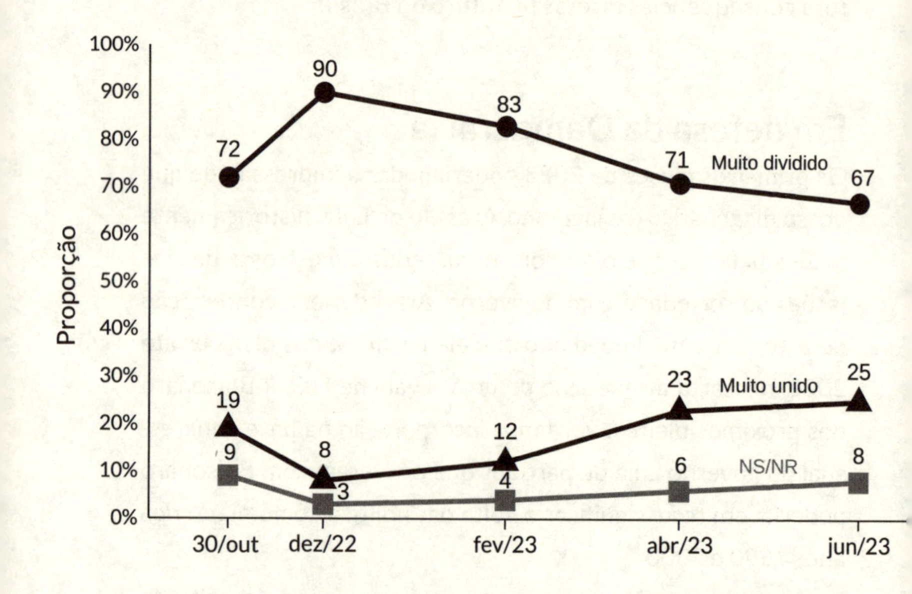

A intransigência de parte do Brasil em relação à outra parte não acabou; pelo contrário. Teve seu auge nas invasões de 8 de janeiro e apenas se recolheu com o fracasso da tentativa de golpe. Retornará assim que o tom político recrudescer com a proximidade das eleições.

Essa afirmação parece fatalista, mas apenas revela o tamanho da nossa preocupação. A democracia — não apenas a brasileira — está doente. Milhões de brasileiros, norte-americanos, argentinos, chilenos, indianos, franceses, israelenses, britânicos, espanhóis, filipinos etc. não mais enxergam nos seus representantes os portadores dos seus interesses.

Vários autores têm se debruçado recentemente sobre essa crise. Autor de um livro alarmista sobre o futuro da democracia liberal, o jornalista britânico Martin Wolf, principal colunista do diário britânico *Financial Times*, defende o que batizou de uma "nova cidadania":

> A renovação do capitalismo e da democracia deve ser animada por uma ideia simples, mas poderosa: a da cidadania. Não podemos pensar apenas como consumidores, trabalhadores, empresários, aforradores ou investidores. Temos de pensar como cidadãos. Esse é o laço que une as pessoas em uma sociedade livre e democrática. É pensando e agindo como cidadãos que uma comunidade política democrática sobrevive e prospera. Se esse impasse for dissolvido, a política democrática naufragará. Seu substituto será uma combinação de oligarquia, autocracia ou ditadura absoluta. A cidadania deve ter três aspectos: preocupação com a capacidade dos concidadãos de terem uma vida plena; o desejo de criar uma economia que permita aos cidadãos florescer desta forma; e, acima de tudo, lealdade às instituições políticas e jurídicas democráticas e aos valores do debate aberto e da tolerância mútua que as sustentam.[211]

É uma tese poderosa, mas de difícil execução. No seu livro *Why We're Polarized*, de 2021, Ezra Klein tenta algo similar ao defender uma "desnacionalização da política", com os cidadãos focando suas energias nos debates locais e menos na guerra interminável das redes sociais entre Trump e os democratas. No posfácio do livro, no entanto, o autor mesmo revela a surpresa com o grau de radicalismo local em que os Estados Unidos mergulharam no debate sobre vacinas e remédios fajutos contra a covid-19.

---

[211] Wolf (2023).

Louvados por cutucarem a ferida da crise política mundial com *Como as democracias morrem*, Steven Levitsky e Daniel Ziblatt lançaram em setembro de 2023 *Tyranny of the Minority*. No livro, eles relacionam uma série de recomendações de mudanças institucionais para tornar a democracia norte-americana mais funcional, como o fim do colégio eleitoral (com o candidato que obtiver mais votos sendo declarado vencedor), a possibilidade de alteração da Constituição sem necessidade de aval das Assembleias Legislativas estaduais, a realização da eleição presidencial num domingo, a facilitação do direito a voto a todos os norte-americanos, a obrigatoriedade do voto e a proibição de mecanismos que possibilitem a uma minoria no Congresso impedir as votações. São medidas interessantes, mas que já vigoram há anos no Brasil, onde o cenário não parece ser mais promissor do que nos Estados Unidos.

Não temos a ilusão de que a polarização brasileira possa ser resolvida por um pacote de reformas legais. É saudável debater a implantação do voto distrital misto ou a revisão do número de deputados pelo tamanho real do eleitorado dos Estados, mas é enganoso achar que a solução do impasse político esteja apenas na letra da lei. As instituições importam. Importam porque geram incentivos para o comportamento dos cidadãos. Mas não são capazes de mudar sozinhas o cenário político que se consolida. Precisaremos de instituições fortes sim, mas de homens e mulheres virtuosos também.

Infelizmente não há soluções simples. Respondendo à pergunta do ministro do STF sobre "o que nós devemos fazer para evitar que isso se repita?", acreditamos que o remédio para a doença da democracia é mais democracia.

O radicalismo político não surge por geração espontânea. É resultado de um descrédito das instituições e da política como forma de resolver problemas reais da sociedade. Na Europa, afirma o teórico holandês Cass Mudde,[212] o renascimento da extrema-direita foi resultado de três eventos impactantes do século 21: os ataques terroristas a Nova York em 2001, a recessão econômica após o crack financeiro de 2008 e a chegada à Europa, a partir de 2015, de centenas de milhares de refugiados de países árabes. Esses eventos, diz Mudde, afetaram as democracias ocidentais, rendendo votos a partidos islamofóbicos, xenófobos e ressentidos com as elites econômicas, políticas e intelectuais. Parte fundamental do discurso vitorioso de Donald Trump em 2016 foi o de se mostrar a vingança dos norte-americanos "deixados pra trás" pela crise econômica e imigração. Como escreveu a psiquiatra Maria Rita Kehl em estudo sobre o ressentimento no campo político, líderes populistas manipulam "a necessidade de eleger culpados, a quem acusar quando a barra pesa: 'Eu sofro: alguém deve ser responsabilizado por isso'".[213]

No Brasil, o discurso populista radical foi resultado de um processo contínuo de criminalização da política. É fato inconteste que centenas de políticos usaram seus mandatos para enriquecer ou financiar seus partidos no escândalo da Lava Jato, mas é igualmente fato que o Judiciário, o Ministério Público e a mídia usaram os episódios para transformar a palavra "corrupção" em sinônimo de "política". Juízes e procuradores se colocaram como salvadores da pátria de um país afundado na lama, abrindo o espaço para dezenas de candidatos sem compromisso com a democracia na eleição em 2018.

212 Mudde (2009).
213 Khel (2020).

Mais democracia implica instituições mais transparentes. Os presentes que um presidente recebe são de interesse público, assim como o destino das verbas distribuídas pelas emendas dos deputados e os patrocinadores dos eventos com participação de juízes e ministros dos tribunais. Um Estado mais transparente naturalmente terá menos incentivo para desvios de conduta.

Mais democracia implica agentes públicos que respondam pelos seus atos. A Justiça e o Ministério Público desperdiçaram a oportunidade de aprimorar o combate à corrupção ao transformar a investigação da Lava Jato numa caça às bruxas partidária. Mesmo o STF, fundamental para preservar a democracia em 2022, se aproveitou do desgaste do Executivo e do Legislativo dos últimos anos para ampliar o alcance de suas sentenças, muitas vezes tomando para si o papel do Legislativo. No início do julgamento dos atos antidemocráticos, um dos advogados de defesa acusou os ministros do STF de serem "as pessoas mais odiadas do país". Pode ser um exagero, mas é fato que a Corte se tornou um dos fatores da polarização.

Desde 2019, o Congresso transformou a execução das emendas parlamentares, uma das funções mais nobres de um representante do povo, em uma cascata de desvio e desperdício de dinheiro público. Os cargos no Executivo seguem sendo a moeda de troca de apoio congressual sem nenhum critério técnico. Os partidos políticos fingem que a descoberta das fraudes nos processos da Lava Jato equivale à decretação de sua inocência. Os partidos da base bolsonarista não fizeram um *mea culpa* sobre o 8 de janeiro, nem tentam diferenciar suas pautas conservadoras legítimas do golpismo vil. As Forças Armadas devem explicações pela forma indecente como vários generais atuaram no governo Bolsonaro. Não há inocentes nas instituições brasileiras, e os ingredientes que levaram a política ao descrédito a partir de 2013 seguem todos vivos, destilando a frustração e o ressentimento de milhões de eleitores.

Ao mesmo tempo, é confortável (e errado) apontar o dedo apenas para as instituições. O grau de intransigência na sociedade só chegou a este ponto por causa da participação ativa de empresas, escolas, jornais, TVs e corporações das redes sociais. A responsabilidade sobre o radicalismo está tanto nos políticos quanto nos empresários que financiaram a distribuição de mentiras nas redes de WhatsApp, nos jornais que transformaram promotores em heróis, nas TVs que reproduzem opiniões monolíticas 24 horas por dia, nas escolas que cercearam a pluralidade de alunos e professores, nas associações médicas que defenderam tratamentos fajutos contra a covid-19, nas fábricas que assediaram funcionários para que votassem em A ou B e na autorregulação falha das BigTechs no controle da disseminação de *fake news*.

Se a sociedade brasileira quer enfrentar a calcificação política que transbordou para o cotidiano, deve começar não repetindo os mesmos erros que causaram essa crise.

Em maio de 1944, às vésperas do fim da Segunda Guerra Mundial, o escritor francês Jean-Paul Sartre estreou a peça *Entre quatro paredes*. Num quarto sem janelas nem portas, mas com um espelho, quatro personagens estão condenados a ficar juntos após sua morte, em uma representação do inferno. O quarto fechado representa a falta de saída para os personagens, enquanto o espelho é o símbolo da ilusão do que cada um acha que é. É um inferno sem diabos nem tridentes, no qual o sofrimento é infligido pela incapacidade que cada um tem de fugir ao olhar e ao julgamento dos outros. A peça é uma alegoria da vida em sociedade e da incapacidade que todos temos de fazer concessões ao outro, mesmo quando precisamos de ajuda. O nosso inferno é compreender o outro.

REFERÊNCIAS BIBLIOGRÁFICAS

LIVROS

ABRANCHES, S. *et al. Democracia em risco?: 222 ensaios sobre o Brasil hoje.* São Paulo: Companhia das Letras, 2019.

AMADO, G. *Sem máscara: o governo Bolsonaro e a aposta pelo caos.* São Paulo: Companhia das Letras, 2022.

AMARAL, R. B. *A vida quer é coragem: a trajetória de Dilma Rousseff, a primeira presidenta do Brasil.* Rio de Janeiro: Sextante, 2011.

APPLEBAUM, A. *O crepúsculo da democracia: como o autoritarismo seduz e as amizades são desfeitas em nome da política.* Tradução: Alessandra Bonrruquer. Rio de Janeiro: Record, 2020.

ARAÚJO, V. *A religião distrai os pobres?: O voto econômico de joelhos para a moral e os bons costumes.* São Paulo: Edições 70, 2022.

AVRITZER, L. *O pêndulo da democracia.* São Paulo: Todavia, 2019.

_____. *Política e antipolítica: a crise do governo Bolsonaro.* São Paulo: Todavia, 2020.

BACHA, E. *Belíndia 2.0: fábulas e ensaios sobre o país dos contrastes.* Rio de Janeiro: Civilização Brasileira, 2012.

BARROS, T. Z.; LAGO, M. *Do que falamos quando falamos de populismo.* São Paulo: Companhia das Letras, 2022.

BENKLER, Y.; FARIS, R.; HAL R. *Network Propaganda: Manipulation, Disinformation, and Radicalization in American Politics.* Oxford: Oxford University Press, 2018.

BERLET, C.; LYONS, M. N. *Right-Wing Populism in America: Too Close for Comfort.* Nova York: The Guilford Press, 2016.

BERLIN, I. *The Crooked Timber of Humanity: Chapters in the History of Ideas.* Londres: John Murray, 1990.

BERMAN, S. *Populism is a Symptom Rather than a Cause: Democratic Disconnect, the Decline of the Center-Left, and the Rise of Populism in Western Europe.* Chicago: Chicago University Press, 2019.

BOBBIO, N. *Direita e esquerda: razões e significados de uma distinção política.* São Paulo: Ed. Unesp, 2003.

BOLLE, M. B. *Como matar a borboleta-azul: uma crônica da era Dilma.* Rio de Janeiro: Intrínseca, 2016.

BOLSONARO, E.; MENDES, M. C. *Jair Bolsonaro: o fenômeno ignorado.* Campinas: Vide Editorial, 2022.

BOLSONARO, F. *Mito ou verdade: Jair Messias Bolsonaro.* 2. ed. Rio de Janeiro: MCL Editora, 2022.

BRANDS, H. W. *Traitor to His Class: The Privileged Life and Radical Presidency of Franklin Delano Roosevelt.* Nova York: Anchor, 2008.

BRASIL. Secretaria de Comunicação Social da Presidência da República. *Pesquisa brasileira de mídia 2015: hábitos de consumo de mídia pela população brasileira.* Brasília: Secom, 2014.

BUSTIKOVA, L. *Extreme Reactions: Radical Right Mobilization in Eastern Europe.* Cambridge: University Printing House, 2020.

CAMPOS MELLO, P. *A máquina do ódio: notas de uma repórter sobre fake news e violência digital.* São Paulo: Companhia das Letras, 2020.

CARDOSO, A. *À beira do abismo: uma sociologia política do bolsonarismo.* Rio de Janeiro: Amazon, 2020.

CARDOSO, F. H. *Diários da Presidência 1995-1996.* São Paulo: Companhia das Letras, 2015.

_____. *Diários da Presidência 1997-1998.* São Paulo: Companhia das Letras, 2016.

_____. *Diários da Presidência 1999-2000.* São Paulo: Companhia das Letras, 2017.

CARVALHO, L. *Valsa brasileira: do boom ao caos econômico.* São Paulo: Todavia, 2018.

CASARA, R. R. *Bolsonaro: o mito e o sintoma.* São Paulo: Contracorrente, 2020.

CASTELLS, M. *A sociedade em rede.* São Paulo: Paz e Terra, 2009.

_____. *Redes de indignação e esperança: movimentos sociais na era da internet.* Rio de Janeiro: Zahar, 2013.

CESARINO, L. *O mundo virou pelo avesso: verdade e política na era digital.* São Paulo: Ubu Editora, 2022.

CHATURVEDI, S. *I am a Troll: Inside the Secret World of the BJP's Digital Army.* Nova Deli: Juggernaut, 2019.

CONTI, M. S. *Notícias do Planalto.* São Paulo: Companhia das Letras, 2012.

DA EMPOLI, G. *Os engenheiros do caos: como as fake news, as teorias da conspiração e os algoritmos estão sendo utilizados para disseminar ódio, medo e influenciar eleições.* Tradução: Arnaldo Bloch. São Paulo: Ed. Vestígio, 2019.

D'ANCONA, M. *Pós-verdade: a nova guerra contra os fatos em tempos de fake News.* Barueri: Faro Editorial, 2018.

DELFIM NETTO, A. *O animal econômico.* São Paulo: Três Estrelas, 2018.

DIEGUEZ, C. *O ovo da serpente: nova direita e bolsonarismo: seus bastidores, personagens e a chegada ao poder.* São Paulo: Companhia das Letras, 2022.

EATWELL, R.; GOODWIN, M. *National Populism: The Revolt Against Liberal Democracy.* Nova York: Penguin, 2018.

FISHER, M. *The Chaos Machine: The Inside Story of How Social Media Rewired Our Minds and Our World.* Nova York: Hachette Book Group, 2022.

FREIXO, A.; PINHEIRO-MACHADO, R. *Brasil em transe: bolsonarismo, nova direita e democratização.* Rio de Janeiro: Oficina Raquel, 2019.

FRENCH, J. D. *Lula e a política da astúcia: de metalúrgico a presidente do Brasil*. São Paulo: Expressão Popular, 2022.

GERBAUDO, P. *Redes e ruas: mídias sociais e ativismo contemporâneo*. Tradução: Dafne Melo. São Paulo: Funilaria, 2020.

GONÇALVES, L. P.; CALDEIRA NETO, O. *O fascismo em camisas verdes: do integralismo ao neointegralismo*. Rio de Janeiro: FGV Ed., 2020.

GOODWIN, D. K. *The Bully Pulpit: Theodore Roosevelt, William Howard Taft, and the Golden Age of Journalism*. Nova York: Simon & Schuster, 2013.

GREENBERG, D. *Republic of Spin: An Inside History of the American Presidency*. Nova York: Norton Company, 2016.

GUSTI, S.; PIRAS, E. *Democracy and Fake News: Information Manipulation and Post-Truth Politics*. Londres: Routledge, 2021.

HACKER, J. S.; PIERSON, P. *Let them Eat Tweets: How the Right Rules in an Age of Extreme Inequality*. Nova York: Liveright Publishing Corporation, 2020.

HOCHSCHILD, A. R. *Strangers in Their Own Land: Anger and Mourning on the American Right*. Nova York: The New York Press, 2016.

JUDIS, J. B. *The Populist Explosion: How the Great Recession Transformed American and European Politics*. Nova York: Colombia Global Reports, 2016.

KALTWASSER, C. R.; Taggart, P.; Espejo, P. O.; Ostiguy, P. *The Oxford Handbook of Populism*. Oxford: Oxford University Press, 2017.

KHEL, M. R. *Ressentimento*. São Paulo: Boitempo, 2020.

KLEIN, E. *Why We're Polarized*. Nova York: Simon & Schuster, 2020.

KÜBLER-ROSS, E. *On Death and Dying: What the Dying Have to Teach Doctors, Nurses, Clergy and Their Own Families*. Nova York: Scribner Book Company, 1969.

KUMAR, M. J. *Managing the President's Message: The White House Communications Operation*. Baltimore: The Johns Hopkins University Press, 2007.

LACERDA, M. B. *O novo conservadorismo brasileiro: de Reagan a Bolsonaro.* Porto Alegre: Zukko, 2019.

LACLAU, E. *On Populist Reason.* Londres: Verso, 2005.

LAPPER, R. *Beef, Bible and Bullets: Brazil in the Age of Bolsonaro.* Manchester: Manchester University Press, 2021.

LEVITSKY, S.; ZIBLATT, D. *Como as democracias morrem.* Tradução: Renato Aguiar. Rio de Janeiro: Jorge Zahar, 2018.

_____. *Tiranny of the Minority: Why American Democracy Reached the Breaking Point.* Nova York: Crown Publishing Book, 2023.

LIRA NETO. *Getúlio 2 (1930-1945).* São Paulo: Companhia das Letras, 2013.

_____. *Getúlio 3 (1945-1954).* São Paulo: Companhia das Letras, 2014.

LULA DA SILVA, L. I.; JINKINGS, I. *A verdade vencerá: o povo sabe por que me condenam.* São Paulo: Boitempo, 2018.

LUPIA, A. *Uninformed: Why People Seem to Know So Little about Politics and What We Can Do about It.* Oxford: Oxford University Press, 2016.

LYNCH, C.; CASSIMIRO, P. H. *O populismo reacionário: ascensão e legado do bolsonarismo.* São Paulo: Contracorrente, 2022.

MANIN, B. *Principles of Representative Government.* Cambridge: Cambridge University Press, 1997.

MANUCCI, L. *The Populism interviews: A Dialogue with Leading Experts.* Londres: Routledge, 2023.

MCGINNIS, J. *The Selling of the President 1968.* Nova York: Penguin, 1968.

MORAES, F. *Lula – volume 1.* São Paulo: Companhia das Letras, 2022.

MORRIS, D. *Jogos do poder.* Rio de Janeiro: Record, 2004.

MOUNK, Y. *The Great Experiment: Why Diverse Democracies Fall Apart and How They Can Endure.* Nova York: Penguin, 2022.

MOURA, M.; CORBELLINI, J. *A eleição disruptiva: por que Bolsonaro venceu.* Rio de Janeiro: Record, 2019.

MUDDE, C. *A extrema-direita hoje*. Tradução: João Marcos Escano Duarte de Souza. Rio de Janeiro: EdUERJ, 2022.

_____. *Populist Radical Right Parties in Europe*. Cambridge: Cambridge University Press, 2009.

MULHALL, J. *Tambores à distância: viagem ao centro da extrema direita mundial*. Tradução: Teresa Dias Carneiro. São Paulo: Leya, 2021.

MÜLLER, J. W. *What is populism?* Nova York: Penguin, 2017.

MUTZ, D. *Hearing the Other Side: Deliberative Versus Participatory Democracy*. Cambridge: Cambridge University Press, 2006.

NAGLE, A. *Kill All Normies: Online Culture Wars from 4chan and Tumblr to Trump and the Alt-Right*. Alresford: Zero, 2017.

NEIWERT, D. *Alt-America: The Rise of the Radical Right in the Age of Trump*. Nova York: Verso, 2017.

NICOLAU, J. *O Brasil dobrou à direita: uma radiografia da eleição de Bolsonaro em 2018*. São Paulo: Zahar, 2020.

NIETZSCHE, F. *Além do Bem e do Mal*. Tradução: Paulo César De Souza. São Paulo: Companhia das Letras, 1992.

NOBLE, S. U. *Algoritmos da opressão: como o Google fomenta e lucra com o racismo*. Santo André: Ed. Rua do Sabão, 2021.

NOBRE, M. *Ponto-final: a guerra de Bolsonaro contra a democracia*. São Paulo: Todavia, 2020.

_____. *Limites da democracia: de junho de 2013 ao governo Bolsonaro*. São Paulo: Todavia, 2022.

NOELLE-NEUMANN, E. *The spiral of silence: Public opinion – Our social skin*. Chicago: University of Chicago Press, 1993.

NORRIS, P.; INGLEHART, R. *Cultural Backlash: Trump, Brexit, and Authoritarian Populism*. Cambridge: Cambridge University Press, 2019.

NUNES, F.; TRAUMANN, T. *A eleição que calcificou o país*. In: AVRITZER, L.; SANTANA, E.; BRAGATTO, R. *Eleições 2022 e a reconstrução da democracia no Brasil*. Belo Horizonte: Autêntica, 2023.

O'CONNOR, C.; WEATHERALL, J. O. *The Misinformation Age: How False Beliefs Spread.* Yale: Yale University Press, 2019.

O'NEILL, C. *Algoritmos de destruição em massa.* Tradução: Rafael Abraham. Santo André: Ed. Rua do Sabão, 2020.

ORWELL, G. *Narrative Essays.* Londres: Vintage, 2009.

OYAMA, T. *Tormenta: o governo Bolsonaro: crises, intrigas e segredos.* São Paulo: Companhia das Letras, 2020.

OYSERMAN, D.; DAWNSON, A. *Your Fake News, Our Facts: Identity-based Motivation Shapes What We Believe, Share, and Accept.* In: GREIFENDER, R. *et al.* (eds.). *The Psychology of fake news: Accepting, Sharing, and Correcting Misinformation.* Londres: Routledge, 2021.

PAUL, C.; MATTHEWS, M. *The Russian "Firehose of Falsehood" Propaganda Model: Why It Might Work and Options to Counter It.* Nova York: Rand Corporation, 2016.

PEROSA, L. M. F. L. *A hora do clique:* análises do programa de rádio Voz do Brazil da Velha à Nova República. São Paulo: Annablume. 1995.

PINHEIRO-MACHADO, R. *Amanhã vai ser maior: o que aconteceu com o Brasil e possíveis rotas de fuga para a crise atual.* São Paulo: Planeta, 2019.

PIVA, J. D. *Os negócios do Jair: a história proibida do clã Bolsonaro.* São Paulo: Companhia das Letras, 2022.

PLOUFFE, D. *The Audacity to Win: The Inside Story and Lessons of Barack Obama's Historic Victory.* Nova York: Penguin, 2009.

POMERANTSEV, P. *This is not Propaganda: Adventures in the war against reality.* Londres: Faber&Faber, 2019.

POPPER, K. *A sociedade aberta e seus inimigos: o sortilégio de Platão.* São Paulo: Edusp, 1974.

PRZEWORSKI, A. *Por que eleições importam?* Rio de Janeiro: EdUERJ, 2022

ROCHA, C. *Menos Marx, Mais Mises: O liberalismo e a nova direita no Brasil.* São Paulo: Todavia, 2021.

SARTRE, J. P. *Entre quatro paredes.* Tradução: Alcione Araújo e Pedro Hussak. Rio de Janeiro: Civilização Brasileira, 2022.

SCHNEIDER, R. A. *The Return of Resentment: The Rise and Decline and Rise Again of a Political Emotion.* Chicago: Chicago University Press, 2023.

SCHWARCZ, L. M. *Sobre o autoritarismo brasileiro.* São Paulo: Companhia das Letras, 2019.

SIDES, J.; TAUSANOVITCH, C.; VAVRECK, L. *The Bitter End: The 2020 Presidential Campaign and the Challenges to American Democracy.* Princeton: Princeton University Press, 2022.

_____.; TESLER, M.; VAVRECK, L. *Identity Crisis: the 2016 Presidential Campaign and the battle for the meaning of America.* Princeton: Princeton University Press, 2018.

SINGER, A. *Esquerda e direita no eleitorado brasileiro: a identificação ideológica nas disputas presidenciais de 1989 e 1994.* São Paulo: Edusp, 2000.

_____. *Os sentidos do lulismo: reforma gradual e pacto conservador.* São Paulo: Companhia das Letras, 2012.

_____. *O lulismo em crise: um quebra-cabeça do período Dilma.* São Paulo: Companhia das Letras, 2018.

_____.; GOMES, M. H.; VILLANOVA, C.; DUARTE, J. *No Planalto com a imprensa: Entrevistas de secretários de imprensa e porta-vozes de JK a Lula.* Brasília; Recife: Massangana/Fundação Joaquim Nabuco, 2010.

SINGER, P.; BROOKING, E. T. *Likewar: The Weaponization Of Social Media.* Nova York: First Mariner, 2018.

SOLANO, E. *et al. O ódio como política: a reinvenção das direitas no Brasil.* São Paulo: Boitempo, 2018.

_____.; ROCHA, C. *As direitas nas redes e nas ruas: a crise política no Brasil.* São Paulo: Expressão Popular, 2019.

SPYER, J. *Povo de Deus: quem são os evangélicos e por que eles importam.* São Paulo: Geração, 2020.

STARLING, H. M.; LAGO, M.; BIGNOTTO, N. *Linguagem da destruição: a democracia brasileira.* São Paulo: Companhia das Letras, 2022.

SZWAKO, J.; RATTON, J. L. *Dicionário dos negacionismos no Brasil.* Recife: Companhia Ed. de Pernambuco, 2022.

TRAUMANN, T. *Lula's comeback.* In: BOURNE, R. *Brazil after Bolsonaro: The Comeback of Lula da Silva.* Londres: Routledge, 2023.

VICTOR, F. *Poder camuflado: os militares e a política, do fim da ditadura à aliança com Bolsonaro.* São Paulo: Companhia das Letras, 2022.

VILLAS BÔAS, L. *A República de Chinelos: Bolsonaro e o desmonte da representação.* São Paulo: Ed. 34, 2022.

WODAK, R. *The Politics of Fear: The Shameless Normalization of the Far-right Discourse.* Londres: Sage, 2015.

WOLF, M. *The Crisis Of Democratic Capitalism.* Nova York: Penguin, 2023.

WOODWARD, B. *Fear: Trump in the White House.* Nova York: Simon & Schuster, 2020.

CONTEÚDOS DIGITAIS

AGÊNCIA O Globo. Carrefour cria comitê de diversidade em resposta à "violência racista". *Exame*, 25 nov. 2020. Disponível em: <bit.ly/3P8Il7L>. Acesso em: 1° set. 2023.

"A GENTE colhe o que planta", diz Campos sobre vaias para Dilma. *Época Negócios*, 13 jun. 2014. Disponível em: <bit.ly/3Z89axz>. Acesso em: 1° set. 2023.

AGRESSÃO a Moraes: ilustrações mostram como foi o ataque em aeroporto de Roma, segundo relato do ministro do STF. O Globo, Rio de Janeiro, 18 jul. 2023. Disponível em: <bit.ly/3PqDxfA>. Acesso em: 1° set. 2023.

AITH, M. Chamar país de Belíndia não é mais correto. *Folha de S. Paulo*. 1º jul. 2009. Disponível em: <bit.ly/3FkxuTJ>. Acesso em: 17 out. 2023.

ALVES, R. Com Nikolas Ferreira, pastor pede para Deus arrebentar a mandíbula de Lula. *O Tempo*, 16 jun. 2023. Disponível em: <bit.ly/3sBDLY6>. Acesso em: 1º set. 2023.

AMORIM, F.; OLIVEIRA, M. STF decide que lei inspirada no Escola sem Partido é inconstitucional. *UOL*, 21 ago. 2020. Disponível em: <bit.ly/3Po7n4d>. Acesso em: 1º set. 2023.

APÓS conflito com governo, Agrishow tem discurso de Bolsonaro. *Poder360*, 1º maio 2023. Disponível em: <bit.ly/3sJtLfC>. Acesso em: 1º set. 2023.

APÓS três meses de governo, Bolsonaro é aprovado por 32%. *Datafolha*, São Paulo, 8 abr. 2019. Disponível em: <bit.ly/3Z8IjBm>. Acesso em: 1º set. 2023.

ARAÚJO, C.; MAZIEIRO, G. Bolsonaro desliga porta-voz do governo após deixá-lo sem função e isolado. *UOL*, 26 ago. 2020. Disponível em: <bit.ly/3P53Dn2>. Acesso em: 1º set. 2023.

ASSISTA a Lula e Alckmin falando mal um do outro. *Poder360*, 7 maio 2022. Disponível em: <bit.ly/3Etk0Vy>. Acesso em: 1º set. 2023.

ATAQUE de Lula à família é "coisa de tirano" e reflete ação de Satanás, diz pastor. *Gospel Mais*, 4 jul. 2023. Disponível em: <bit.ly/45YP5Mj>. Acesso em: 1º set. 2023.

AVELAR, L. As eleições na era da televisão. *Revista de Administração de Empresas*, v. 32, n. 4, pp. 42-57, set.-out. 1992. Disponível em: <bit.ly/3Qne72E> Acesso em: 1º set. 2023.

AZEVEDO, V. Bolsonaro não gosta de gente, gosta de policial, diz Lula. *Folha de S.Paulo*, 30 abr. 2022. Disponível em: <bit.ly/482MnXY>. Acesso em: 1º set. 2023.

BARROS, D. M. Bolsonaristas planejam boicotar grandes empresas.

Veja, 18 nov. 2022. Disponível em: <bit.ly/482PCi6>. Acesso em: 1° set. 2023.

_____. O descaso do governo de São Paulo com Paulo Freire. *Veja*, 14 mar. 2023. Disponível em: <bit.ly/45Ks4Nx>. Acesso em: 1° set. 2023.

BERGAMO, M. Lideranças do PT e do PSB tentam viabilizar chapa com Lula e Alckmin para 2022. *Folha de S.Paulo*, 3 nov. 2021. Disponível em: <bit.ly/3sEjxwZ>. Acesso em: 1° set. 2023.

BOGHOSSIAN, B. Lula tenta preservar antibolsonarismo como força política para 2026. *Folha de S.Paulo*, 15 jul. 2023. Disponível em: <bit.ly/45zO7Gz>. Acesso em: 1° set. 2023.

BOLSONARO ameaça acionar Forças Armadas contra medidas de governadores. *UOL*, 23 abr. 2021. Disponível em: <bit.ly/3LzUstV>. Acesso em: 1° set. 2023.

BOLSONARO e o "gabinete do ódio": entenda as investigações da PF. *Estadão*, 11 fev. 2022. Disponível em: <bit.ly/4877fgL>. Acesso em: 1° set. 2023.

BOLSONARO não vai, mas apoia "manifestação espontânea da população" dia 26. *Poder360*, 22 maio 2019. Disponível em: <bit.ly/3Z4Ccye>. Acesso em: 1° set. 2023.

BOLSONARO pede que empresários não anunciem em mídias que denunciam governo. *UOL*, 4 abr. 2022. Disponível em: <bit.ly/3qUkcKl>. Acesso em: 1° set. 2023.

BOLSONARO rebate declarações de Maia: "Não existe brincadeira da minha parte, muito pelo contrário". *G1*, São Paulo, 27 mar. 2019. Disponível em: <bit.ly/3Ld7r4a>. Acesso em: 1° set. 2023.

BORGES, A.; POMPEU, L. Lula critica a "tal da estabilidade fiscal" e defende ampliar gastos; Bolsa cai 3,35%. *Estadão*, 10 nov. 2022. Disponível em: <bit.ly/4811OQC>. Acesso em: 1° set. 2023.

BOX-STEFFENSMEIER, J. M.; BOEF, S.; LIN, T. The Dynamics of the Partisan Gender Gap. *The American Political Science Review*, v. 98, n. 3, pp. 515-528, ago. 2004. Disponível em: <bit.ly/3S9lA77>. Acesso em: 1º set. 2023.

BRAGON, R. Lula não precisa de muleta, e Alckmin é contradição a tudo o que PT fez, diz Rui Falcão. *Folha de S.Paulo*, 16 jan. 2022. Disponível em: <bit.ly/3PrpOUH>. Acesso em: 1º set. 2023.

CABRAL, S.; ITO, N.; PONGELUPPE, L. The Disastrous Effects of Leaders in Denial: Evidence from the Covid-19 Crisis in Brazil. *SSRN*. 28 abr. 2021. Disponível em: <bit.ly/4800zBb>. Acesso em: 1º set. 2023.

CALGARO, F. Maia diz que governo ainda não começou e que Bolsonaro está "brincando de presidir". *G1*, 27 mar. 2019. Disponível em: <bit.ly/45Gymxy>. Acesso em: 1º set. 2023.

CAMARGO, C. Barroso diz que "derrotamos o bolsonarismo", e aliados de Bolsonaro pedem impeachment. *Folha de S.Paulo*, 13 jul. 2023. Disponível em: <bit.ly/3R4Kkg1>. Acesso em: 1º set. 2023.

CAMPELLO, D. When Incompetence Meets Bad Luck: Bolsonaro's Third Year in the Brazilian Presidency. *Revista de Ciência Política*, v. 42, n. 2, pp. 203-23, 2022. Disponível em: <bit.ly/3PqVWc5>. Acesso em: 1º set. 2023.

CAMPOS, A. L. V.; NASCIMENTO, D. R. D.; MARANHÃO, E. A história da poliomielite no Brasil e seu controle por imunização. *História, Ciências, Saúde- Manguinhos*, v. 10, pp. 573-600, 2003. Disponível em: <bit.ly/46AoPIV>. Acesso em: 17 out. 2023.

CANAL USP. Arqueologia e o estudo do nosso passado | Série: Arqueologia, Antropologia e Evolução | Ep. 01. *YouTube*, 9 mar. 2021. Disponível em: <bit.ly/3sJIeZ3>. Acesso em: 1º set. 2023.

CANOVAN, M. Trust the people! Populism and the two faces of democracy. *Political Studies*, v. 47, n. 1, p. 2-16, 1999. Disponível em: <bit.ly/3P9w8j8>. Acesso em: 1º set. 2023.

CARVALHO, L. Como a economia brasileira ajudou a eleger Bolsonaro?.

LSE Latin America and Caribbean, 15 jan. 2020. Disponível em: <bit.ly/3LaYWXF>. Acesso em: 1° set. 2023.

CASSIDY, J. Biden's big-tent strategy seems to be working. *The New Yorker*, 1° ago. 2020. Disponível em: <bit.ly/3ttab7Q>. Acesso em: 13 out. 2023.

CERON, E. Onda anti-LGBT+ nos EUA desafia varejistas no mês do orgulho. *Valor Econômico*, 1° jun. 2023. Disponível em: <bit.ly/3r5DBIf>. Acesso em: 1° set. 2023.

CHAGAS, G. Empresas e profissionais relatam pressão após divulgação de listas de "boicote a petistas" no RS: "todo mundo tem medo". *G1*, 5 nov. 2022. Disponível em: <bit.ly/4870EmL>. Acesso em: 1° set. 2023.

COSTA, C. T. O papel da internet na conquista dos votos de Marina Silva. *Revista Interesse Nacional*, v. 4, n. 13, pp. 59-75, 2011. Disponível em: <bit.ly/46ziygu>. Acesso em: 17 out. 2023.

DATAFOLHA: 52% acreditam que Bolsonaro não tem culpa pelas mortes causadas por covid-19; para 8% presidente é o principal culpado. *Cultura UOL*, 14 dez. 2020. Disponível em: <bit.ly/45DJPhC>. Acesso em: 1° set. 2023.

DATAFOLHA: aprovação de Bolsonaro sobe para 37%, a melhor do mandato, e reprovação cai para 34%. *G1*, 13 ago. 2020. Disponível em: <bit.ly/45DjsYR>. Acesso em: 1° set. 2023.

DILMA recebe vaias no Maracanã ao entregar taça à Alemanha. *G1*, 13 jul. 2014. Disponível em: <bit.ly/3Z4Ppai>. Acesso em: 1° set. 2023.

DIRETOR responsável por campanha Segunda Sem Carne deixa o Bradesco. *Canal Pecuarista*, 4 mar. 2022. Disponível em: <bit.ly/45Iizi2>. Acesso em: 1° set. 2023.

DOMINGOS, R. É #FAKE que PL das Fake News vai censurar versículos da Bíblia. *G1*, 28 abr. 2023. Disponível em: <bit.ly/3P3bDVm>. Acesso em: 1° set. 2023.

EDUARDO Bolsonaro compara professores a traficantes; PF deve analisar fala. *CNN Brasil*, 10 jul. 2023. Disponível em: <bit.ly/3qZ2lSv>. Acesso em: 1º set. 2023.

EDUARDO Bolsonaro faz acusações falsas sobre "envolvimento com o crime organizado" após agenda de Dino na Maré. *O Globo*, 15 mar. 2023. Disponível em: <bit.ly/3L4QVTY>. Acesso em: 1º set. 2023.

EM 2022, população idosa era 10,5% do total do país. *UOL*, 16 jun. 2023. Disponível em: <bit.ly/3PtLKzJ>. Acesso em: 1º set. 2023.

EMPRESA anuncia condomínio Bolsonaro Beach em praia do RN. *Agora RN*, 20 jun. 2023. Disponível em: <bit.ly/3P1dYAe>. Acesso em: 1º set. 2023.

ENTENDA por que o plano de IPO da Havan foi interrompido novamente. *Estadão E-Investidor*, 23 ago. 2021. Disponível em: <bit.ly/45WoLT9>. Acesso em: 1º set. 2023.

ERIKA Hilton pede prisão de pastor que sugeriu matar LGBTQIA+. *Poder360*, 3 jul. 2023. Disponível em: <bit.ly/3EvQA9f>. Acesso em: 1º set. 2023.

ESCOLA Sem Partido: origens e ideologias. *Ciência Hoje*, nov. 2018. Disponível em: <bit.ly/464fVD3>. Acesso em: 1º set. 2023.

FILGUEIRAS, M. L.; MATTOS, A. Mercado avalia o risco de Hang, o gestor polêmico. *Valor Econômico*, 3 set. 2020. Disponível em: <bit.ly/3ErhA9F>. Acesso em: 1º set. 2023.

FLÁVIO Bolsonaro defende pastor André Valadão por fala em pregação. *Poder360*, 4 jul. 2023. Disponível em: <bit.ly/3Ps1x1G>. Acesso em: 1º set. 2023.

FREIRE, S. Bolsonaro fez 50 lives no Facebook em 2019; Jorge Seif foi quem mais participou. *Poder360*, 31 dez. 2019. Disponível em: <bit.ly/3P3MZEd>. Acesso em: 1º set. 2023.

_____. Bolsonaro deu 135 entrevistas exclusivas desde a posse; Jovem

Pan é a mais atendida. *Poder360*, 2 jan. 2021. Disponível em: <bit.ly/3qSsoe8>. Acesso em: 1° set. 2023.

FREITAS, H. Doria a Alckmin: "Sempre criticou o PT e agora se associa a Lula?". *Metrópoles*, 23 mar. 2022. Disponível em: <bit.ly/3Z8bfJL>. Acesso em: 1° set. 2023.

FUKS, M.; MARQUES, P. H. Contexto e voto: o impacto da reorganização da direita sobre a consistência ideológica do voto nas eleições de 2018. *Opinião Pública*, v. 26, n. 3, set.-dez. 2020. Disponível em: <bit.ly/3PtH4tF>. Acesso em: 1° set. 2023.

_____.; RIBEIRO, E.; BORBA, J. From Antipetismo to Generalized Antipartisanship: the Impact of Rejection of Political Parties on the 2018 Vote for Bolsonaro. *Brazilian Political Science Review*, v. 15, n. 1, nov. 2021. Disponível em: <bit.ly/3EpKmaG>. Acesso em: 1° set. 2023.

GABEIRA, F. Os caminhos da polarização. *Estadão*, 21 jul. 2023. Disponível em: <bit.ly/3LesMKJ>. Acesso em: 1° set. 2023.

GAMBA, K.; MARIZ, R. Bolsonaro diz que vai mudar patrono da Educação brasileira, título conferido a Paulo Freire. *O Globo*, 29 abr. 2019. Disponível em: <bit.ly/3Pa7oaL>. Acesso em: 1° set. 2023.

GASPARI, E. Ao cassar honraria, universidades deveriam divulgar professores que a concederam. *Folha de S.Paulo*, 2 out. 2021. Disponível em: <bit.ly/3LdihXU>. Acesso em: 1° set. 2023.

GAVRAS, D. Bradesco se desculpa com agro por vídeo que defende reduzir consumo de carne. *Folha de S.Paulo*, 29 dez. 2021. Disponível em: <bit.ly/3sQxMPa>. Acesso em: 1° set. 2023.

GAZETA do Povo tira do ar "Monitor da Doutrinação". Entenda por quê. *Gazeta do Povo*, 10 dez. 2017. Disponível em: <bit.ly/3r1rOuy>. Acesso em: 1° set. 2023.

GOMES, P. H. "Mercado fica nervoso à toa", diz Lula após repercussão de fala sobre estabilidade fiscal. *G1*, 10 nov. 2022. Disponível em: <bit.ly/481BdCV>. Acesso em: 1° set. 2023.

GONÇALVES, G.; ROXO, S. Após dizer que Bolsonaro "não gosta de gente, gosta de policial", Lula pede desculpas a profissionais de segurança. *O Globo*, 1 maio 2022. Disponível em: <glo.bo/48Uq7Qv>. Acesso em: 15 set. 2023.

GORTÁZAR, N. G.; BECKER, F. Bolsonaro, um candidato que cresceu no Facebook e não quer sair de lá. *El País Brasil*, São Paulo, 26 out. 2018. Disponível em: <bit.ly/3Z3FEJt>. Acesso em: 1º set. 2023.

GOVERNO fez vista grossa para que pior acontecesse, diz Zema. *Poder360*, 16 jan. 2023. Disponível em: <bit.ly/461sDCa>. Acesso em: 1º set. 2023.

"GRIPEZINHA": leia a íntegra do pronunciamento de Bolsonaro sobre covid-19. *UOL*, 24 mar. 2020. Disponível em: <bit.ly/44Fu9ZY>. Acesso em: 1º set. 2023.

GRUPOS de direita compartilham mais conteúdo, aponta estudo. *Folha de S.Paulo*, 19 ago. 2019. Disponível em: <bit.ly/44HWGOv>. Acesso em: 1º set. 2023.

GUARDA Municipal que era tesoureiro do PT é morto a tiros por apoiador de Bolsonaro na própria festa de aniversário, em Foz do Iguaçu. *G1*, 10 jul. 2022. Disponível em: <bit.ly/3Pq7H2u>. Acesso em: 1º set. 2023.

GULLINO, D. Bolsonaro defende integrantes do "gabinete do ódio" e diz que grupo é "gabinete da liberdade". *O Globo*, 5 maio 2021. Disponível em: <bit.ly/44FAEM3>. Acesso em: 1º set. 2023.

GURGEL, L. Woke Alert, o novo pesadelo para corporações e marcas nos EUA. *Portal dos Jornalistas*, 20 abr. 2023. Disponível em: <bit.ly/3ZalzB5>. Acesso em: 1º set. 2023.

HELAL FILHO, W. A epidemia de meningite que a ditadura militar no Brasil tentou esconder da população. *O Globo*, 8 jun. 2020. Disponível em: <http://glo.bo/46JNRFd>. Acesso em: 15 set. 2023.

_____. Há 20 anos, Bolsonaro defendeu fechamento do Congresso e a morte do então presidente, Fernando Henrique. *O Globo*, 24 maio 2019. Disponível em: <bit.ly/45GqVGD>. Acesso em: 1º set. 2023.

HERMIDA, J. F.; LIRA, J. S. Quando fundamentalismo religioso e mercado se encontram: as bases históricas, econômicas e políticas da escola sem partido. *Roteiro*, v. 45, p. 1-32, 2020. Disponível em: <bit.ly/3qSDBLK>. Acesso em: 1º set. 2023.

HIGÍDIO, J. Programa de *trainee* da Magalu para negros não é discriminatório, diz juíza. *Consultor Jurídico*, 4 nov. 2022. Disponível em: <bit.ly/3Rsw0hR>. Acesso em: 1º set. 2023.

IYENGAR S. *et al.* The origins and consequences of affective polarization in the United States. *Annual Review of Political Science*, v. 22, pp. 129-46, maio 2019. Disponível em: <bit.ly/3r19Hon>. Acesso em: 1º set. 2023.

JONES, D. Bud Light, da AB InBev, perde posto de cerveja mais vendida nos EUA. *Valor Econômico*, 14 jun. 2023. Disponível em: <bit.ly/3P7gLb5>. Acesso em: 1º set. 2023.

JONES, K. DeSantis' claim that there hasn't been a "single book banned in Florida" isn't true. *Verify*, 25 maio 2023. Disponível em: <bit.ly/3r2wYGB>. Acesso em: 1º set. 2023.

JUNIOR, P.; BORGES, L. Toffoli se reuniu com autoridades contra movimento para afastar Bolsonaro. *Veja*, 9 ago. 2019. Disponível em: <bit.ly/3RaVv6P>. Acesso em: 1º set. 2023.

KEY, V. O. A Theory of Critical Elections. *The Journal of Politics*, v. 17, n. 1, pp. 3–18, fev. 1995. Disponível em: <bit.ly/3tCdg5q>. Acesso em: 17 out. 2023.

LACERDA, L. População do Centro-Oeste é a que mais cresce no Brasil. *Folha de S.Paulo*, 28 jun. 2023. Disponível em: <bit.ly/3RatHzK>. Acesso em: 1º set. 2023.

LEE, B. Close Relationships in Close Elections, *Social Forces*, v. 100, n. 1, pp. 400–425, set. 2021 Disponível em: <bit.ly/46Apdal>. Acesso em: 17 out. 2023.

LEIA e veja a íntegra dos discursos de Lula após vitória nas eleições. *G1*, 31 out. 2022. Disponível em: <glo.bo/3PQY4Jb>. Acesso em: 13 out. 2023.

LEWIS-BECK, M. S.; STEGMAIER, M. Economic Determinants of Electoral Outcomes. *Annual Review of Political Science*. v. 3, n. 1, pp. 183-219, jun. 2000. Disponível em: <bit.ly/3M7luJ4>. Acesso em: 17 out. 2023.

LINHARES, C.; AZEVEDO, V. Lula-Alckmin incluiu palpite de marqueteiros, conversa de elevador e coincidências. *Folha de S.Paulo*, 5 maio 2022. Disponível em: <bit.ly/45KpR4H>. Acesso em: 1º set. 2023.

LONGO, I. Pastor critica "igrejas de mercado" e liberação de cultos presenciais: "Deus não está vinculado a espaços específicos". *Fórum*, 6 abr. 2021. Disponível em: <bit.ly/3RlfxvB>. Acesso em: 1º set. 2023.

LOPES, S. 52% avaliam negativamente o trabalho de Bolsonaro no combate à pandemia. *Poder360*, 25 jun. 2021. Disponível em: <bit.ly/3r1igj0>. Acesso em: 1º set. 2023.

LUNA, N. A controvérsia do aborto e a imprensa na campanha eleitoral de 2010. *Caderno CRH*, v. 27, n. 71, ago. 2014. Disponível em: <bit.ly/45GeRFI>. Acesso em: 1º set. 2023.

MACHADO, C.; KIRA, B.; NARAYANAN, V.; KOLLANYI, B.; HOWARD, P. A Study of Misinformation in WhatsApp groups with a focus on the Brazilian Presidential Elections. *Companion Proceedings of the 2019 World Wide Web Conference*. pp. 1.013-19, 2019. Disponível em: <bit.ly/3QkQozh>. Acesso em: 17 out. 2023.

MAGALHÃES, G. Eleição para governador termina em 14 estados e no DF, com 12 reeleitos. *Jota*, 30 out. 2022. Disponível em: <bit.ly/3P40Ied>. Acesso em: 1º set. 2023.

MAGALHAES, L.; PEARSON, S. Bolsonaro Says He Will Return to Brazil in March to Lead Opposition. *The Wall Street Journal*, 14 fev. 2023. Disponível em: <bit.ly/3r2v74B>. Acesso em: 1º set. 2023.

MAGRI, D. Bolsonaro confirma Copa América 2021 no Brasil, mas críticos esperam reação do STF. *El País*, 1º jun. 2021. Disponível em: <bit.ly/45XEb9Q>. Acesso em: 1º set. 2023.

MARCELLO, M. C.; PARAGUASSU, L. Bolsonaro repete que Forças Armadas são poder moderador e diz ter apoio total dos militares. *UOL*, 12 ago. 2021. Disponível em: <bit.ly/484LiPt>. Acesso em: 1º set. 2023.

MARQUES NETO, F. A. Arcadas são grandes, porque nela cabem todos seus professores. *Consultor Jurídico*, 7 fev. 2023. Disponível em: <bit.ly/3x7fvMu>. Acesso em: 1º set. 2023.

MASON, L. "I Disrespectfully Agree": The Differential Effects of Partisan Sorting on Social and Issue Polarization. *American Journal of Political Science*. v. 59, n. 1, pp. 128-145, jan. 2015. Disponível em: <bit.ly/45xhclb>. Acesso em: 1º set. 2023.

MATSUI, N. "Lula quer voltar à cena do crime", diz Alckmin ao assumir presidência do PSDB. *Poder360*, 9 dez. 2017. Disponível em: <bit.ly/3P9ssxW>. Acesso em: 1º set. 2023.

MAZUI, G. Bolsonaro chama Paulo Freire de "energúmeno" e diz que TV Escola "deseduca". *G1*, 16 dez. 2019. Disponível em: <bit.ly/3P1cBS6>. Acesso em: 1º set. 2023.

MEIER, A. C. An Affordable Radio Brought Nazi Propaganda Home. *JSTOR Daily*, 30 ago. 2018. Disponível em: <bit.ly/3Z3485v>. Acesso em: 1º set. 2023.

MELLO, P. C. Desinformação sobre fraude eleitoral cresce, e TSE teme que caos dos EUA se repita no Brasil em 2022. *Folha de S.Paulo*, 11 nov. 2020. Disponível em: <bit.ly/45KttUj>. Acesso em: 1º set. 2023.

_____. Empresários bancam campanha contra o PT pelo WhatsApp. *Folha de S.Paulo*, 18 out. 2018. Disponível em: <bit.ly/48gPsEf>. Acesso em: 1º set. 2023.

MELO, T. Entidades da Educação entram na Justiça contra demissão de professora por uso de camiseta com frase "seja marginal, seja herói". *G1*, 9 maio 2023. Disponível em: <bit.ly/3P7rpif>. Acesso em: 1º set. 2023.

MEMÓRIA Globo. Collor x Lula. Memória *Globo*, 29 out. 2021. Disponível em: <bit.ly/4614rQq>. Acesso em: 1º set. 2023.

MINISTRO da Agricultura diz que foi desconvidado da Agrishow; feira reitera convite. *Exame*, 27 abr. 2023. Disponível em: <bit.ly/3R5q91C>. Acesso em: 1º set. 2023.

MONNERAT, A. Publicação enganosa sugere que alta no preço da carne está relacionada a filhos de Lula. *Estadão*, 13 dez. 2019. Disponível em: <bit.ly/3Z4Vtzk>. Acesso em: 1º set. 2023.

MONTEIRO, T. Bolsonaro divulga texto que cita País "ingovernável". *Estadão*, 17 maio 2019. Disponível em: <bit.ly/3ErdwX1>. Acesso em: 1º set. 2023.

MORI, L. Os argumentos do STF para condenar 1º réu de 8 de janeiro a 17 anos de prisão. *BBC News Brasil*, 14 set. 2023. Disponível em: <bbc.in/3FnIBvs>. Acesso em: 17 out. 2023.

MOSQUÉRA, J. *et al.* Moraes é hostilizado e tem filho agredido em Roma; PF identificou envolvidos. *G1*, 15 jul. 2023. Disponível em: <bit.ly/3R4X6vg>. Acesso em: 1º set. 2023.

MUDDE, C. What is behind Ron DeSantis's Stop-Woke Act?. *The Guardian*, 6 fev. 2023. Disponível em: <bit.ly/3PeFJ8K>. Acesso em: 1º set. 2023.

NÃO HÁ motivo para pânico por coronavírus, diz Bolsonaro em pronunciamento. *CNN Brasil*, 6 mar. 2020. Disponível em: <bit.ly/3Z4IQVc>. Acesso em: 1º set. 2023.

NATANSON, H. Objection to sexual, LGBTQ content propels spike in book challenges. *The Washington Post*, 9 jun. 2023. Disponível em: <bit.ly/3r4IxNC>. Acesso em: 1º set. 2023.

NICOLAU, J. O triunfo do bolsonarismo: como os eleitores criaram o maior partido de extrema-direita da história do país. 146. ed. *piauí*, nov. 2018. Disponível em: <bit.ly/3Z9JaSG>. Acesso em: 1º set. 2023.

NOGUEIRA, A. Craque do Palmeiras da década de 1950 inspirou nome de Jair Bolsonaro. *Folha de S.Paulo*, 29 out. 2018. Disponível em: <bit.ly/3PZmsZg>. Acesso em: 17 out. 2023.

NOTA de repúdio à fala de Márcia Tiburi contra as igrejas. *Universal*, 14 jun. 2023. Disponível em: <bit.ly/45Uy86p>. Acesso em: 1º set. 2023.

NUNES, F.; TRAUMANN, T. Eleição calcificou o país em torno do petismo e do antipetismo. *O Globo*, 27 nov. 2022. Disponível em: <bit.ly/45wIAk1>. Acesso em: 1º set. 2023.

_____.; MEIRA, J. F. Does the message really matter? Economy and poll rates in the 2010 Brazilian presidential election. Artigo não publicado. 2012. Disponível em: <http://felipenunes.bol.ucla.edu/message.pdf>. Acesso em: 1º set. 2023.

O NÚMERO de crianças mortas por covid é 'insignificante', diz Bolsonaro. *Correio Braziliense*, 22 jan. 2022. Disponível em: <bit.ly/46KhGFC>. Acesso em: 13 out. 2023.

O ESTILO "gente como a gente" de Jair Bolsonaro. *Folha de S.Paulo*, 23 jan. 2019. Disponível em: <bit.ly/3Rbaqhw>. Acesso em: 1º set. 2023.

OLIVA, G.; SHORES, N. 70 governadores foram reeleitos nos Estados desde 1998. *Poder360*, 4 maio 2022. Disponível em: <bit.ly/45UBF3Y>. Acesso em: 1º set. 2023.

OLIVEIRA, D. Ganhador do Prêmio Jabuti, Marçal Aquino tem livro retirado de vestibular após deputado criticar obra. *G1*, 1º maio 2023. Disponível em: <bit.ly/3Lbvdh4>. Acesso em: 1º set. 2023.

OLIVEIRA, L. A. F. Getúlio Vargas e o desenvolvimento do rádio no país: um estudo do rádio de 1930 a 1945. 2006. Trabalho de Conclusão de Curso (Mestrado Profissionalizante em Bens Culturais e Projetos Sociais) – Centro de Pesquisa e Documentação de História Contemporânea do Brasil (CPDOC), *Fundação Getulio Vargas (FGV)*, Rio de Janeiro, jul. 2006. Disponível em: <bit.ly/3L8NImh>. Acesso em: 1º set. 2023.

OLIVEIRA, R. "Se fiz algo errado, que eu pague", diz Zema sobre investigação no STF por fala sobre 8 de janeiro. *Hoje em Dia*, 8 mar. 2023. Disponível em: <bit.ly/3sJZehN>. Acesso em: 1º set. 2023.

PANNUNZIO, B.; BRUZA, R. "Escola escolheu lado criminoso", diz professora demitida por pressão de deputado bolsonarista. *Ponte Jornalismo*, 9 maio 2023. Disponível em: <bit.ly/3Ptd94M>. Acesso em: 1º set. 2023.

PARA eleitores, saúde e violência são os principais problemas do país. *Folha de S.Paulo*, 11 set. 2018. Disponível em: <bit.ly/3Reb7GP>. Acesso em: 1º set. 2023.

PASSARINHO, N. Aécio diz que protestos revelam que presidente Dilma está 'sitiada'. *G1*, 11 mar. 2015. Disponível em: <bit.ly/3PrzAaf>. Acesso em: 1º set. 2023.

PEREIRA, F. B; BUENO, N. S.; NUNES, F.; PAVÃO, N. Fake News, Fact Checking, and Partisanship: The Resilience of Rumors in the 2018 Brazilian Elections. *The Journal of Politics*, v. 84, n. 4, out. 2022. Disponível em: <bit.ly/3R5BtLd>. Acesso em: 1º set. 2023.

_____.; NUNES, F. Presidential Influence and Public Opinion During Crises: The Case of Covid-19 in Brazil. *International Journal of Public Opinion Research*, v. 34, n. 2, 30 ago. 2022. Disponível em: <bit.ly/3LcjIG2>. Acesso em: 1º set. 2023.

_____.; NUNES, F. Media Choice and the Polarization of Public Opinion about covid-19 in Brazil. *Revista Latinoamericana de Opinión*

Pública, v. 10, n. 2, pp. 39-69, 2021. Disponível em: < https://bit.ly/3Q3LXsc>. Acesso em: 17 out. 2023.

PICCOLO, M. A. A trajetória de Fernando Collor rumo à presidência: estratégias eleitorais televisivas. *Anais XXVII Simpósio Nacional de História: conhecimento histórico e diálogo social*. Natal: Associação Nacional de História (ANPUH/UFRN), 22-26 jul. 2013. Disponível em: <bit.ly/46iuz9V>. Acesso em: 1º set. 2023.

PINA, R. Alunos fazem fila para selfie na volta de Janaína Paschoal à USP: "Kinga". *Universa UOL*, 21 mar. 2023. Disponível em: <bit.ly/3ZahHjx>. Acesso em: 1º set. 2023.

PNAD Contínua TIC 2017: internet chega a três em cada quatro domicílios do país. *Agência IBGE Notícias*, Rio de Janeiro, 20 dez. 2018. Disponível em: <bit.ly/44FMo1c>. Acesso em: 1º set. 2023.

PODER360. Bolsonaro cita Ustra no voto pelo impeachment de Dilma Rousseff. *YouTube*, 17 abr. 2021. Disponível em: <bit.ly/3sJL5kH>. Acesso em: 1º set. 2023.

_____. Bolsonaro recepciona jogadores do Flamengo após título da Libertadores. *YouTube*, 20 out. 2022. Disponível em: <bit.ly/3LecWQq>. Acesso em: 1º set. 2023.

POPULAÇÃO que se declara preta sobe para 10,6% em 2022, diz IBGE. *G1*, 16 jun. 2023. Disponível em: <bit.ly/3PvyeM0>. Acesso em: 1º set. 2023.

PRAZERES, L. Secretaria de Comunicação da Presidência descumpre ordem da CGU e omite dados de publicidade. *O Globo*, 16 jul. 2020. Disponível em: <bit.ly/3sz3FvB>. Acesso em: 1º set. 2023.

PROGRAMA de trainee da Magazine Luiza para negros causa polêmica. *Portal Geledés*, 20 set. 2020. Disponível em: < https://bit.ly/3ZYOTec>. Acesso em: 15 set. 2023.

QUEIROZ, V. 2 anos de covid: Relembre 30 frases de Bolsonaro sobre pandemia. *Poder360*, 26 fev. 2022. Disponível em: <bit.ly/44ADLoE>. Acesso em: 1º set. 2023.

RAJAB, Y. Alunos da USP fazem abaixo-assinado contra retorno de Janaína Paschoal. *Correio Braziliense*, 7 fev. 2023. Disponível em: <bit.ly/3sHK1Od>. Acesso em: 1º set. 2023

RAMOS, M. "Verdade" e "liberdade" agora aparecem na fala de Bolsonaro. *piauí*, 29 out. 2018. Disponível em: <bit.ly/3PtpQfZ>. Acesso em: 1º set. 2023.

RELEMBRE o que diziam Lula e Alckmin um do outro no passado. *O Tempo*, 8 abr. 2022. Disponível em: <bit.ly/45Iek66>. Acesso em: 1º set. 2023.

RENNÓ, L. R. The Bolsonaro Voter: Issue Position and Vote Choice in the 2018 Brazilian Presidential Elections. *Latin American Politics and Society*. v. 62, n. 4, pp. 1-23, 2020. Disponível em: <https://doi.org/10.1017/lap.2020.13>. Acesso em: 17 out. 2023.

RIBEIRO, J. Dilma é vaiada na abertura da Copa das Confederações em Brasília. *G1*, 15 jun. 2013. Disponível em: <bit.ly/3PqD64W>. Acesso em: 1º set. 2023.

RICCI, P.; VENTURELLI, G. Connections between populism and nationalism: Evidence from Jair Bolsonaro's speeches. *Nations and Nationalism*, v. 29, n. 3, pp. 1.057-75, jul. 2023. Disponível em: <bit.ly/3r6WWbR>. Acesso em: 1º set. 2023.

ROCHA, D. Paulo Freire é declarado o patrono da educação brasileira. *Ministério da Educação*, 16 abr. 2012. Disponível em: <bit.ly/3qVrUnw>. Acesso em: 1º set. 2023.

ROMANO, R. Bolsonaro e o ressentimento. *Jornal da Unicamp*, 18 jun. 2019. Disponível em: <bit.ly/3RbIZ7q>. Acesso em: 1º set. 2023.

RUEDIGER, M. A. Robôs, redes sociais e política no Brasil. *FGV-DAPP*, 2018. Disponível em: <bit.ly/3R5IonF>. Acesso em: 1º set. 2023.

______.; GRASSI, A. Desinformação na Era Digital. *FGV-DAPP*, 2018. Disponível em: <bit.ly/3qUzONZ>. Acesso em: 1º set. 2023.

SAIBA mais sobre os 8 compromissos assumidos e o Plano de Ação do Carrefour para o combate ao racismo e à discriminação. *Grupo Carrefour Brasil*, [s.d.]. Disponível em: <bit.ly/3R9cre0>. Acesso em: 1º set. 2023.

SANTOS, J. M. Lula ameniza fala de pressão a deputados e tenta explicar declaração sobre aborto. *Folha de S.Paulo*, 7 abr. 2022. Disponível em: <bit.ly/3szfmT1>. Acesso em: 1º set. 2023.

SCHELLER, J. Haddad diz que "muita gente" deixou de consumir de empresas ligadas a "governo extremista derrotado". *Estadão*, 18 jan. 2023. Disponível em: <bit.ly/44HDVKQ>. Acesso em: 1º set. 2023.

SEGURANÇAS do Carrefour vão usar câmeras corporais após novo caso de agressão a negros. *Folha de S.Paulo*, 17 maio 2023. Disponível em: <bit.ly/3rbaWkS>. Acesso em: 1º set. 2023.

SETEMBRO termina como o mês com menos mortes por covid em 2021 no país; foram 16.275 vítimas. *G1*, 30 set. 2021. Disponível em: <bit.ly/44LkdxU>. Acesso em: 1º set. 2023.

SETO, G. Pais de alunos do Dante Alighieri criticam posição do colégio sobre linguagem neutra. *Folha de S.Paulo*, 23 mar. 2023. Disponível em: <bit.ly/45WZpVc>. Acesso em: 1º set. 2023.

SPERB, P. Após protestos, Santander fecha exposições sobre diversidade. *Veja*, 12 set. 2017. Disponível em: < https://bit.ly/3ZXO19P>. Acesso em: 15 set. 2023.

STF condena três réus nas primeiras ações penais sobre atos antidemocráticos de 8/1. *Supremo Tribunal Federal*, 14 set. 2023. Disponível em: < https://bit.ly/402rRDd>. Acesso em: 13 out. 2023.

SOARES, I. Bolsonaro volta a negar racismo e diz: "sempre questionei a questão de cotas". *Correio Braziliense*, 8 maio 2021. Disponível em: <bit.ly/3PXnCo3>. Acesso em: 13 out. 2023.

TOTH, H.; FERNANDEZ, M. Jair Bolsonaro vai ao jogo do Palmeiras e diz: “Meu contato aqui é um tal de Felipe Melo”. *Globo Esporte*, 12 out. 2019. Disponível em: <bit.ly/3LdSOOl>. Acesso em: 1º set. 2023.

TRAUMANN, T. Lula e a campanha de um homem só. *Poder360*, 7 abr. 2022. Disponível em: <bit.ly/3r2vyvL>. Acesso em: 1º set. 2023.

_____. pesquisas mostram eleição de um país partido. *O Globo*, 29 out. 2022. Disponível em: <bit.ly/44zm7Bx>. Acesso em: 1º set. 2023.

TRINDADE, N. Campanha de Bolsonaro vai apostar em imagem de “autêntico”. *O Globo*, 21 jul. 2022. Disponível em: <bit.ly/3R73Ecv>. Acesso em: 1º set. 2023.

TRUFFI, R. Lula ataca organizadores da Agrishow. *Valor Econômico*, 11 maio 2023. Disponível em: <bit.ly/3slqDRc>. Acesso em: 1º set. 2023.

TUCHLINSKI, C. Pessoas mais velhas compartilham mais fake news, revela estudo. *Estadão*, 28 fev. 2019. Disponível em: <bit.ly/44KsC4C>. Acesso em: 1º set. 2023.

VECCHIOLI, D. Minas Tênis Clube cansa de tentar e demite Maurício Souza. *UOL*, 27 out. 2021. Disponível em: <bit.ly/461sqPo>. Acesso em: 1º set. 2023.

VIVAS, F. 8 de janeiro: Moraes vota para condenar mais oito réus por atos golpistas. *G1*, 13 out. 2023. Disponível em: < https://bit.ly/3M7RUn0>. Acesso em: 13 out. 2023.

UOL. Marcia Tiburi fala de Lula e MST, ações de Moraes, fascismo e Judiciário, Michelle e Janja e mais. *Youtube*, 11 maio 2023. Disponível em: < https://bit.ly/3M5ErvH>. Acesso em: 1º set. 2023.

VULETA, B. Whatsapp Statistics. *99Firms*, 2022. Disponível em: < https://bit.ly/46UnYm5>. Acesso em: 1º set. 2023.

WASON, P. C. Reasoning about a rule. *Quarterly Journal of Experimental Psychology*. v. 20, n. 3, pp. 273-81, 1968. Disponível em: <https://doi.org/10.1080/14640746808400161>. Acesso em: 17 out. 2023.

WESTWOOD, S.J.; PETERSON, E. The Inseparability of Race and Partisanship in the United States. *Polit Behav*, v. 44, 2022. Disponível em: <https://doi.org/10.1007/s11109-020-09648-9>. Acesso em: 13 out. 2023.

WINTER, B. O Brasil parece estar quase de volta ao normal. *Americas Quarterly*, 29 ago. 2023. Disponível em: <https://bit.ly/3rS7Xyj>. Acesso em: 13 out. 2023.

WIRZ, D. Persuasion through emotion? An experimental test of the emotion-eliciting nature of populist communication. *International Journal of Communication*, v. 12, p. 1.114-1.138, 2018. Disponível em: <bit.ly/3LbpOH4>. Acesso em: 1° set. 2023.

ZANINI, F.; SETO, G. "Colégio Dante Alighieri diz que lamenta exibição de vídeo com linguagem neutra em aula". *Folha de S.Paulo*, 21 mar. 2023. Disponível em: <bit.ly/3LepyH7>. Acesso em: 1° set. 2023.

ZEMA é alvo do STJ por falas sobre o 8 de Janeiro. *Poder360*, 7 mar. 2023. Disponível em: <bit.ly/3PsvVJq>. Acesso em: 1° set. 2023.

ZYLBERKAN, M. "Bolsonaro volta a criticar governadores por medidas contra o coronavírus". *Veja*, 19 mar. 2020. Disponível em: <bit.ly/460dqkZ>. Acesso em: 1° set. 2023.

PODCASTS E DOCUMENTÁRIOS

BARROS, C. J.; PIRES, C.; CAVENCHINI, C. *Extremistas.br.* Rio de Janeiro: Globoplay, 2023.

BILENKY, T. *Alexandre.* Rio de Janeiro: Revista Piauí/Trovão Mídia, 2023.

DAL PIVA, J. *Os negócios do Jair*. São Paulo: UOL, 2022.

Este livro foi impresso pela Lisgráfica, em 2023, para a HarperCollins Brasil.

O papel do miolo é pólen bold 90 g/m² e o da capa é cartão 250 g/m².